Umwelt*freunde* 3

Berlin

Ein Buch
für den Sachunterricht
in der Grundschule

D1731387

Volk und Wissen Verlag

Herausgegeben von Inge Koch und Heike Dietrich

Erarbeitet von Sandra Chryselius, Heike Dietrich, Silvia Ehrich,
Marion Kloss, Inge Koch, Rolf Leimbach, Silke Nitschel,
Ulrike Rathjen, Ellen Soppa, Diana Voß
in Zusammenarbeit mit der Redaktion

Redaktion   Christa Krauthakel und Barbara Bütow
Bildredaktion (Foto)   Peter Hartmann

Illustration   Uta Bettzieche, Katharina Knebel, Karl-Heinz Wieland
Karten   Peter Kast, Ingenieurbüro für Kartographie, Schwerin
Umschlaggestaltung   Gerhard Medoch, Uta Bettzieche, Katharina Knebel
Lay-out und technische Umsetzung   hawemannundmosch, Berlin

 http://www.vwv.de

Die Internetadressen und -dateien, die in diesem Lehrwerk angegeben sind,
wurden vor Drucklegung geprüft (Stand März 2004). Der Verlag übernimmt
keine Gewähr für die Aktualität und den Inhalt dieser Adressen und Dateien
oder solcher, die mit ihnen verlinkt sind.

1. Auflage   Druck 5 4 3 2   Jahr 08 07 06 05

Alle Drucke dieser Auflage sind inhaltlich unverändert
und können im Unterricht nebeneinander verwendet werden.

Druck: CS-Druck CornelsenStürtz, Berlin

ISBN 3-06-090340-9

Bestellnummer 90340

Gedruckt auf säurefreiem Papier,
umweltschonend hergestellt aus chlorfrei gebleichten Faserstoffen.

Inhaltsverzeichnis

Durch das Buch
begleiten dich
Luzie und Willi.

In der Schule

Wie kommen wir gut miteinander aus?
Worüber sollten wir in der Klasse sprechen?
Wie sage ich meine Meinung?

Wir sind füreinander verantwortlich

Die Schule hat wieder begonnen. Für dich ist das nichts Besonderes,
denn in der dritten Klasse weiß jeder Bescheid: alter oder neuer
Klassenraum, neue Bücher, vielleicht ein neues Gesicht.
Und wie fühlen sich die Kinder der ersten Klasse? Erinnerst du dich noch?

Ich hatte ein bisschen Angst.

Ich habe meine Fibel bekommen.

Ich hatte zuerst Russisch gelernt. Ich wollte gern Deutsch lernen.

Ich hatte einen netten Lehrer gekriegt und das Klassenfoto habe ich immer noch.

Ich fand toll, dass meine ganze Familie da war.

Ich wusste noch längst nicht so viel wie heute.

Ich habe neue Freunde kennen gelernt

Wir waren da noch die Kleinsten und haben noch gar keinen gekannt.

Der erste Schultag war total aufregend.

1 *Erinnere dich an deinen ersten Schultag:*
- *Worauf hast du dich besonders gefreut?*
- *Hast du dich auch vor etwas gefürchtet?*
- *Wie sah deine Fibel aus?*
- *Wer hat dir geholfen? …*

Was können wir für die Kleinen und die Neuen tun?

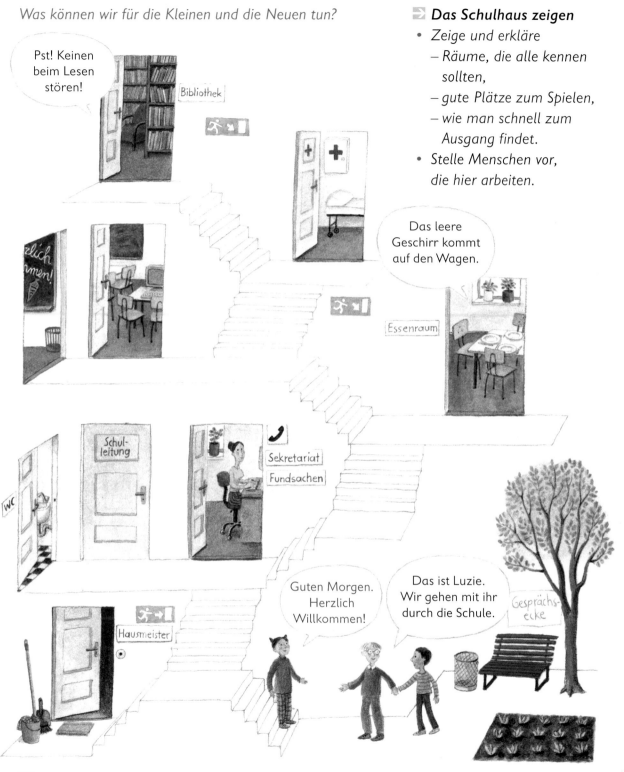

→ Das Schulhaus zeigen

- Zeige und erkläre
  – Räume, die alle kennen sollten,
  – gute Plätze zum Spielen,
  – wie man schnell zum Ausgang findet.
- Stelle Menschen vor, die hier arbeiten.

2 *Erklärt die Regeln, die in eurer Schule gelten.*

Was wir voneinander erfahren können

In einem Ort leben viele Menschen zusammen. Manche sind dort geboren.
Andere sind hierher gezogen. Einige kommen aus fernen Ländern.
Jedem ist anderes vertraut oder fremd.

Wir sind vor einem halben Jahr
aus Köln hierher gezogen. Dort
ist jedes Jahr Karnevalsumzug
und alle haben ganz bunte Kos-
tüme an.

                              Tobias

Ich komme aus Petersburg in
Russland. Dort schreiben wir
mit anderen Buchstaben. Die
sehen so aus.

                              Igor

Ich bin Paul.

Ich bin hier geboren. Meine
Eltern sind aus Ruanda hierher gekommen. Sie erzählen
mir oft von Afrika.
Mein Vater hat mir ein Spiel
gezeigt, dabei balanciert er
einen Stock immer von einem
Finger auf den anderen. Das
will ich auch mal schaffen.

Ich komme aus dem Nachbarort und
fahre jeden Tag mit dem Schulbus
zur Schule. Meine Eltern und ich
leben auf einem Bauernhof. Da
helfe ich mit. Ich füttere immer
die Kaninchen.

                    Sabine

1 *Erzähle davon, was dir in deiner Umgebung vertraut ist.*
2 *Erzähle auch, was dir in deiner Umgebung fremd ist. Vielleicht kannst
du jemanden bitten, es dir zu erklären.*

Jeder von euch kennt verschiedene Feste. Einige werden gern in der Familie gefeiert. Manchmal begeht auch eine Schule oder ein Ort ein Fest. Es gibt Festtage, die in der ganzen Welt gefeiert werden. Oft verbinden sich mit ihnen besondere →*Bräuche*. Ein solches Fest ist der Kindertag.

1. Juni

Nancy berichtet vom Schulfest am Internationalen Kindertag: Der Schulhof sah heute ganz anders aus. Stände, an denen gemalt und gebastelt werden konnte, Hüpfburgen für Kleine und Große, Stationen für Wettlauf und Weitsprung, Glücksrad und, und ... Es gab selbst gebackenen Kuchen. Einige Kinder führten Tänze vor. Das Fest war toll.

23. April

Das Nisan Kinderfest, der türkische „Tag des Kindes", ist in der Türkei seit 1929 ein Feiertag. Die Kinder haben schulfrei. Sie verkleiden sich als Ärztin, Feuerwehrmann, Polizistin, Lehrer. Mustafa Kemal Atatürk, er war der Gründer des Staates Türkei, widmete diesen Tag den Kindern der Welt und übergab ihnen die „Regierung". Kinder und Eltern treffen sich zu einem großen Fest mit Spiel und Tanz und gutem Essen. Meist führen die Kinder ein Theaterstück auf oder tragen Gedichte vor. Heute wird das Fest in vielen Ländern gefeiert, auch in Deutschland.

1. September

Seit 1956 wird in 130 Ländern der Weltkindertag gefeiert. Die Vereinten Nationen haben ihn den Mädchen und Jungen gewidmet.
An diesem Tag sagen Kinder in öffentlichen Treffen, was sie für ein gutes Leben brauchen: Frieden und freundliche Eltern, gute Lehrer, rücksichtsvolle Autofahrer, Plätze zum Spielen, Lernen und Wohnen ...

Regierung möchte ich auch mal sein.

Und was würdest du dann tun?

⇒ *Ein Fest vorbereiten*
- *Informiert euch über Feste.*
- *Bildet Gruppen. Jede wählt ein Fest aus:*
  - *Forscht dazu in Büchern und befragt eure Eltern.*
  - *Findet typische Merkmale des Festes: das Datum, besondere Bräuche, Speisen, Getränke, Lieder, Musik, Tänze.*
  - *Bereitet selbst etwas vor: eine Speise, einen Tanz, ...*

Alle gehören dazu

Kalle, Heiner, Peter

Warum spielt denn keiner mit dem dicken Heiner?
Er trifft zwar nicht alle Bälle,
er ist eben nicht so schnelle – Heiner.
Er sah den letzten Winter auf dem Eis 'ne Möwe liegen,
ging zum Tierarzt, gab ihr Futter, heute kann sie fliegen.
So tierlieb ist sonst keiner wie der dicke Heiner.

Warum spottet jeder über unsern Peter?
Er trägt eine kluge Brille,
lacht kaum und ist meistens stille – Peter.
Aber er kann Geige spielen und auch komponieren.
Zu Weihnachten beim Klassenfest wird er es dann aufführen.
So was kann nicht jeder, nur der stille Peter.

Warum hänseln alle grad den schwachen Kalle?
Er holt sich zwar selten Beulen,
trotzdem sieht man ihn oft heulen – Kalle.
Als einmal beim Fußballspielen doch ein Fenster krachte,
rannten alle, außer ihm, der es zum Glaser brachte.
So mutig sind nicht alle wie der schwache Kalle.

Kalle, Heiner, Peter, solche kennt wohl jeder.
Kinder, die nicht stark, nicht schnell sind,
Kinder, die nicht ganz so hell sind.
Doch lernst du sie richtig kennen, lässt du sie nicht stehen,
wirst du etwas ganz Besonderes grad bei ihnen sehen.
Und ihr könnt auf Erden die besten Freunde werden.

Gerhard Schöne

⮞ *Über andere nachdenken*

- *Stell dir vor, du wärst ein Kind auf diesen Bildern.*
- *Erzähle von „dir".*
- *Stellt einander Fragen.*
- *Entdeckt, was euch verbindet oder unterscheidet.*

Ich stelle mir vor, ich bin diese Tänzerin.
Ich erzähle euch von mir …

Ich stelle mir vor, ich bin der Junge, der …

Ich stelle mir vor, ich bin fremd in Deutschland …

Der Klassenrat tagt

Jede Woche könnt ihr Wünsche, Beschwerden und Lob in einem
Briefkasten sammeln oder an der ➜ *Pinnwand* veröffentlichen:

Die Woche in unserer Klasse

Was mir gefällt

Saskia borgt mir manchmal ihre Buntstifte. Nora

Viele Kinder wollen etwas über mein Land wissen. Lajos

Was mich ärgert

Paul nimmt mir immer den Rucksack weg. Matz

Immer ist der Computer besetzt!

Was ich mir wünsche

Sarah soll nicht ungerecht zu Lisa sein. Nina

Keiner soll andere ärgern, weil sie nicht so tolle Sachen haben.

Am Ende der Woche könnt ihr eure Mitteilungen auswerten
und beraten.

▶ Der Klassenrat tagt. Vorher solltet ihr festlegen,
was ihr beraten wollt, **wer** das Gespräch leitet und
wer das ➜ *Ergebnisprotokoll* schreibt.
Jeder, der möchte, kann seine Meinung sagen.

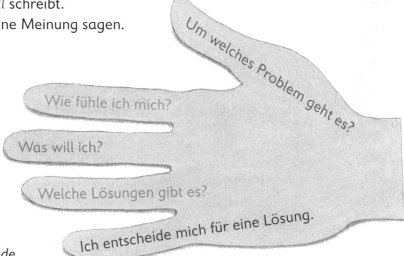

Um welches Problem geht es?

Wie fühle ich mich?

Was will ich?

Welche Lösungen gibt es?

Ich entscheide mich für eine Lösung.

1 *Versucht es einmal mit
dieser Fünf-Finger-Methode.*

Wir sprechen heute darüber, wie jeder mal am Computer arbeiten kann. Zuerst Vanessa!

Ich fühle mich am Computer oft gestört, weil immer jemand drängelt.

Ich will mal etwas mehr Zeit haben, um im Internet zu surfen.

Ich schlage vor, eine Benutzerliste aufzustellen.

Ich bin auch für eine Benutzerliste.

➡ Ein Gespräch leiten
- Bitte um Wortmeldungen.
- Notiere die Namen der Kinder in der Reihenfolge, wie sie sich melden.
- Gib einem nach dem anderen das Wort.
- Achte darauf, dass nicht mehrere zugleich reden.
- Mit einer kleinen Glocke kannst du um Ruhe bitten.

So kann ein Ergebnisprotokoll aussehen:

> _Der Klassenrat hat getagt_   4.5.2003
> _Problem_: Immer ist der Computer besetzt!
> _Lösungsvorschläge_:
> 1.) Benutzerliste aufstellen
> 2.) die Klassenleiterin soll entscheiden
> 3.) Zeitplan (jeder darf höchstens 15 Minuten)
> _Abstimmung_: 25 Kinder
> a) Die Mehrheit (20) lehnt Vorschlag 2 ab.
> b) Vorschlag 1:   Ja: 25
> c) Vorschlag 3:   Ja: 21   Nein: 4
> _Beschluss_: Vanessa und Matz stellen die Benutzerliste mit Zeitplan auf und hängen sie aus.

➡ Ein Ergebnisprotokoll schreiben
- Notiere das Problem.
- Schreibe alle Lösungsvorschläge auf.
- Notiere das Ergebnis eurer Abstimmung.
- Schreibe auf, was ihr beschlossen habt.
  – Wer ist verantwortlich?
  – Bis wann?
- Das Ergebnisprotokoll hängst du aus.

Eine Meinung äußern

Ich finde es so schön, weil ich mit meinem Freund aus Frankreich sprechen kann.

Was haltet ihr davon, Sprachen zu lernen?

Ich mag Englisch und will es gern lernen. Das kann ich später in meinem Beruf bestimmt gut gebrauchen.

Ich finde, eine Sprache reicht.

Ich halte es für nützlich, weil ich dann in anderen Ländern Sendungen im Radio und im Fernsehen verstehe.

Ich finde es gut, weil ich mich mit ausländischen Menschen unterhalten kann. Und ich finde es blöd, weil man so viel lernen muss.

Du hast das Recht deine Meinung frei zu äußern. Oft sagst du dann: „Ich meine …", „Ich denke …", „Ich finde …", „Meiner Meinung nach …" Manchmal änderst du auch deine Meinung: zum Beispiel, wenn dich Meinungen von anderen zum Nachdenken bringen oder du Neues aus dem Fernsehen oder der Zeitung erfährst.

▶ Beim Meinungsstreit solltest du Regeln beachten:
• Begründe deine Meinung, zum Beispiel mit einem Weil-Satz.
• Kränke oder verletze andere nicht mit deinen Äußerungen.
• Höre anderen genau zu. Frage, wenn du etwas nicht verstehst.
• Prüfe kritisch deine Meinung und die Meinungen anderer.
• Wäge ab, welche Argumente deine Meinung unterstützen oder ihr widersprechen.
• Entscheide, welche der Argumente wichtiger sind.

> Aus der Vereinbarung der UNO über die Rechte der Kinder:
> Jedes Kind, dass fähig ist, sich eine eigene Meinung zu bilden, hat das Recht, seine Meinung frei zu äußern. Nach Alter und Reife des Kindes sollte seine Meinung berücksichtigt werden.

Herbst und Wetter

Warum fallen im Herbst die Blätter von den Bäumen?
Warum ist es im Herbst kälter als im Sommer?
Warum weht der Wind?

Bunt sind schon die Wälder

Bunt sind schon die Wälder,
gelb die Stoppelfelder
und der Herbst beginnt.

Rote Blätter fallen,
graue Nebel wallen.
Kühler weht der Wind.

Warum färben sich die Blätter und fallen dann ab?
Laubbäume und Sträucher verändern sich in den Jahreszeiten. Im Sommer bekommen sie viel Licht. Dann werden in den Blättern mithilfe eines grünen Farbstoffes, dem → *Blattgrün*, und mit Sonnenlicht aus Luft und Wasser Nährstoffe aufgebaut. Die Pflanzen wachsen.

Im Herbst bekommen die Bäume jeden Tag weniger Sonnenlicht. Das Blattgrün wird schwächer. Jetzt treten andere Farbstoffe, die auch in den Blättern sind, hervor – rote und gelbe. Langsam färben sich die Blätter.

In dieser Zeit bildet sich am unteren Rand jedes Blattstiels eine Trennschicht aus Kork. Sie verschließt die Zweige. Auch damit stellen sich die Bäume auf ihre Ruhezeit im Winter ein. Sie können nicht vertrocknen oder erfrieren. Rüttelt der Wind an den Blättern, fallen sie ab.

1 Erzähle, woran du den Herbst erkennst.
2 Fallen in Afrika auch die Blätter von den Bäumen?

➡ ***Eine Frage mithilfe eines Sachtextes beantworten***
- *Lies die Frage.*
- *Notiere dir wichtige Wörter aus der Frage.*
- *Lies den Text und suche Aussagen zu diesen Wörtern.*
- *Mach dir Stichpunkte.*
- *Erfrage unbekannte Begriffe oder lies dazu im Lexikon nach.*

September • • • • • • • • • • **Oktober** • • • • • •

Pilze wachsen. Kastanien fallen vom Baum. Äpfel und Pflaumen sind reif.

23
September

Herbstanfang

Winterzeit:
An einem Sonntag im Herbst wird nachts die Uhr um eine Stunde zurückgestellt.

  →

Wie stellen sich die Tiere auf den nahenden Winter ein?

▶ Das → *Eichhörnchen* **lebt** in Parks und Wäldern. Sein **Fell** kann fuchsrot bis schwarzbraun sein. Es hat Krallen an Vorder- und Hinterbeinen und klettert flink an Bäumen auf und ab. Es springt von Ast zu Ast und von Baum zu Baum und steuert dabei mit seinem langen, buschigen Schwanz. Immer wieder hält es inne und erlauscht seine Feinde: Habicht, Baummarder oder Fuchs. Im Herbst wird sein Fell dichter. An den Ohren wachsen Haarbüschel.

▶ Zur **Nahrung** des Eichhörnchens gehören Hagebutten, Knospen, Insekten und manchmal Vogeleier. Vor allem aber frisst es Eicheln, Bucheckern, Haselnüsse und Samen aus den Zapfen der Nadelbäume. Harte Schalen öffnet es mit seinen Nagezähnen. Im Sommer und im Herbst sammelt das Tier Vorräte für den Winter. Die versteckt es in der Nähe seiner Nester in Baumhöhlen oder im Boden.

▶ Das Eichhörnchen baut in den Astgabeln von Baumkronen **Nester (Kobel)** aus Zweigen. Mit Gras und Moos werden sie warm ausgepolstert. Bei Kälte schläft es dort (→ S. 43). An wärmeren Tagen sucht es draußen Nahrung.

> ⇥ *Sich schnell an Signalwörtern orientieren*
> - *Lies die Signalwörter.*
> - *Notiere dazu Stichpunkte, also wichtige Aussagen.*

▶ Im März wird das Weibchen 3 bis 5 nackte, blinde **Junge** zur Welt bringen. Sie sind nach 8 Wochen selbstständig und verlassen das Nest.

3 *Erarbeite einen Tier-Steckbrief (→ S. 119). Nutze dafür die Signalwörter.*

4 *Suche Aussagen zum Verhalten des Tieres im Herbst.*

November • • • • • • • • **Dezember** • • • • • •

Der Igel verkriecht sich zum Winterschlaf im Laub.

Viele Bäume sind schon kahl.

Nebeltage

Der erste Schnee. Vögel suchen Futter.

4. 12. Barbaratag Wir stellen Zweige ins Wasser. Bald werden sie blühen.

Tagbogen in den Jahreszeiten

Im Herbst siehst und spürst du: Morgens wird es später hell, abends früher dunkel. Die Sonne wärmt weniger. Nachts ist es kühler. Aber weshalb?
▶ Die Sonne beschreibt am Himmel jeden Tag aufs Neue **scheinbar** einen Bogen, das nennt man
→ *Tagbogen der Sonne.*

Tatsächlich bewegt sich die Erde um sich selbst – einmal in 24 Stunden. Dabei erreichen die Sonnenstrahlen nach und nach immer einen Teil der Erde. Dort ist **Tag**. Wo sie nicht hinkommen, ist **Nacht**.

1 *Stellt mit Globus und Taschen-lampe dar, wie das Licht um die Erde wandert.*

Der →*Herbst* beginnt am 23. September, Tag und Nacht sind gleich lang. Die Tage werden kürzer, die Nächte länger. Die Sonne steht mittags jeden Tag tiefer am Himmel. Ihre Strahlen treffen Tag für Tag schräger auf die Erde. Land und Ozeane kühlen ab.

Ich markiere, wann die Sonne am höchsten steht.

10.00

8.00

Der →*Winter* fängt am 21. Dezember an. Da ist der kürzeste Tag und die längste Nacht. Die Tage werden länger, sind aber noch kürzer als die Nächte. Die Sonne steht mittags Tag für Tag etwas höher, sie wärmt noch wenig. Land und Ozeane bleiben kühl.

Im **Süden**
nimmt sie ihren Lauf.

Im **Osten**
geht
die Sonne auf.

Im **Westen**
wird sie
untergehn.

Im **Norden**
ist sie nie zu sehn.

▸ Norden, Süden, Osten und Westen
sind → *Himmelsrichtungen*.

⇥ *Grafische Bilder*
vergleichen
• *Findet alle Informationen,*
  die ihr vergleichen könnt:
  Wie lange die Sonne
  scheint, wann sie am
  höchsten steht, …
• *Vergleicht alle Tagbögen:*
  Findet Unterschiede und
  Gemeinsamkeiten.

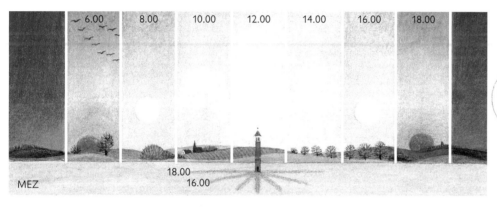

Und warum
steht die Sonne im
Sommer höher
als im Winter?

Der → *Frühling* beginnt am 21. März, Tag und Nacht sind wieder gleich lang. Nun werden die Nächte wieder kürzer, die Tage länger. Die Sonne steht mittags jeden Tag höher, ihre Strahlen treffen steiler auf die Erde. Langsam erwärmen sich Boden und Ozeane.

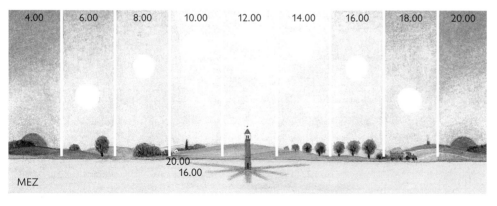

Der → *Sommer* fängt am 21. Juni an. Da ist der längste Tag und die kürzeste Nacht. Die Tage werden kürzer, sind aber länger als die Nächte. Die Sonne steht täglich etwas weniger hoch, sie bringt noch viel Wärme. Land und Ozeane kühlen nur langsam ab.

Es wird kälter ...

▶ Luft erwärmt sich und kühlt sich ab. Deshalb kann ihre → *Temperatur* steigen oder sinken. Im Herbst werden die Tage kürzer. Die Sonne scheint nicht mehr so lange und steht nicht mehr so hoch am Himmel. Die Lufttemperaturen sinken.

⇨ *Prüft es. Vergleicht Temperaturen:*

Messt die Temperaturen stets zur gleichen Zeit oder entnehmt sie dem → *Wetterbericht* (Zeitung, Fernsehen, Rundfunk). Tragt die Daten und die Temperaturwerte in eine Tabelle ein. Gebt sie in **Grad Celsius** (°C) an.

Zum Beispiel so:

Datum	Temperatur
15. 9.	18 °C
23. 9.	14 °C
23. 10.	13 °C
23. 11.	9 °C

Skala zum Ablesen

Die Flüssigkeit steigt/sinkt je nach Temperatur.

°C
40
30
20
10
0
10
20
30

20 °C

Nullpunkt

-20 °C

Die Lufttemperaturen werden in vielen Wetterstationen des Landes täglich gemessen und die Werte gesammelt. Man kann sie zum Beispiel in → *Säulendiagrammen* darstellen und später vergleichen. Diese Diagramme informieren, zu welcher Zeit und an welchem Ort bestimmte Temperaturen gemessen wurden.

Der Schwede **Anders Celsius** konstruierte 1742 ein Thermometer mit einer Gradeinteilung (Skala). Diese wurde später nach ihm benannt. Als 0 Grad bezeichnete er den Punkt, wo Wasser zu Eis wird. Als 100 Grad bezeichnete er den Punkt, wo Wasser siedet.

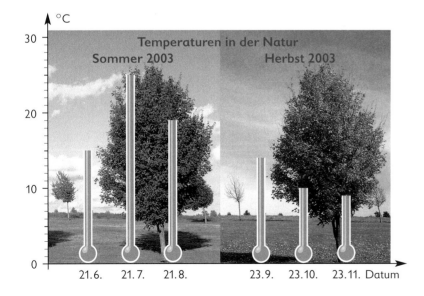

Temperaturen in der Natur
Sommer 2003   Herbst 2003

21.6.   21.7.   21.8.   23.9.   23.10.   23.11. Datum

⇨ **Säulendiagramme lesen**
• *Lies die Überschrift.*
• *Lies die Informationen, die zu den Säulen gehören.*
• *Formuliere Aussagen dazu: Im Sommer 2003 ... Im Herbst 2003 ...*
• *Vergleiche die Aussagen.*

… und windiger

Im Herbst lässt oft ein kräftiger → *Wind* Blätter tanzen
und Bäume rauschen. Er jagt die Wolken oder peitscht
den Regen. Manchmal ist es windstill.

▶ Wind ist bewegte Luft. Luft bewegt sich ständig – mal
heftig, mal sanft. Das ist so, weil die Sonne die Erde nicht
gleichmäßig erwärmt. Wird ein Gebiet stärker erwärmt,
ist die Luft dort warm und trocken. Warme Luft steigt auf.
Beim Aufsteigen kühlt sich die warme Luft wieder ab. Sie
sinkt in weniger erwärmten Gebieten an die Erdoberfläche
zurück und strömt am Boden entlang. Wir spüren und
hören den Wind, mal schwach, mal als heulenden Sturm.

Woher und wohin weht der Wind?

von West nach Ost   von Ost nach West   von Süd nach Nord   von Nord nach Süd

  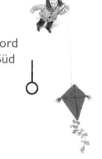

Der englische Seefahrer **Francis Beaufort** legte 1806 als Erster eine Windskala mit 12 Windstärken an.

Bezeichnung	Windgeschwindigkeit	Auswirkung im Inland	Auswirkung auf See
Windstärke **5** frische Brise	29–38 Kilometer pro Stunde	kleine Bäume schwanken	mäßig lange Wellen mit Schaumkämmen

---

Solche Symbole für → *Windstärken* und → *Windrichtungen* verwenden wir heute.

0: windstill
Rauch steigt steil
empor, Blätter be-
wegen sich nicht.

3: schwacher Wind
Blätter und dünne
Zweige bewegen
sich leicht.

4: mäßiger Wind
Blätter und Äste
bewegen sich,
Staub wirbelt auf.

6: starker Wind
Bäume bewegen
sich, Blätter, Gegen-
stände wirbeln hoch.

9: Sturm
Äste brechen,
Ziegel fallen
von den Dächern.

Wer Wolken lesen kann, weiß, wann Regen kommt

▶ Alle Wolken sind Gebilde aus winzigen Wassertröpfchen oder aus Eis (→ S. 23, 95). Der Herbst bringt viele → *Wolken* von den Ozeanen zu uns. Täglich kannst du andere Wolken beobachten. Ständig verwandeln sich ihre Formen und Farben – mal sind sie graue Berge, mal weiße Schleier. Wolken erzählen vom Wetter: Sie sind Wetterboten.

Federwolken sehen wie Schleier oder Flecken aus. Sie sind aus Eis und stehen hoch am Himmel. Oft kündigen sie schlechtes Wetter an. Zerfasern sie stark, zeigen sie: Hier herrscht heftiger Wind.

Schichtwolken sind aus Eis und Wassertröpfchen. Sie stehen mittelhoch am Himmel. Sonne oder Mond scheinen durch sie hindurch und sehen dann wie eine Scheibe aus. Sie bringen viel Niederschlag.

Weiße **Haufenwolken** am Himmel zeigen: Schon früh erwärmte die Sonne die Luft. Die stieg auf und kühlte dabei ab. Bei sehr hoher Feuchtigkeit in der Luft bilden sich kleine Tropfen – Schönwetterwolken.

Regenwolken breiten sich als mächtige dunkle Wolken aus. Sie bringen Niederschläge. Türmt sich eine schwarze Wolkenwand drohend auf, warnt sie: Es wird heftige Windböen geben! Es kann hageln!

Symbole für die Bewölkung

◯ **wolkenlos**
Der Himmel ist blau oder sternenklar.

◗ **heiter**
Nur wenige Wolken sind zu sehen.

◑ **wolkig**
Wolken und klarer Himmel sind etwa gleich verteilt.

◕ **stark bewölkt**
Wolken bedecken fast den gesamten Himmel.

⬤ **bedeckt**
Wolken bedecken den Himmel vollständig.

In den Wolken fliegen winzige, kaum sichtbare Wassertröpfchen ständig hin und her. Sie stoßen zusammen,
bilden mit anderen Tröpfchen oder Eis schwerere Tropfen
oder Eiskristalle und fallen nach unten. Werden sie dabei
noch schwerer, fallen sie aus der Wolke.
Liegt dann die Lufttemperatur unter der Wolke über 0 °C,
fällt → *Regen* auf die Erde. Liegt die Lufttemperatur unter
der Wolke unter 0 °C, fällt → *Schnee*.
Schneeflocken bestehen aus Eiskristallen (→ S. 45, 93).

Regen

Eine besondere Wolke, die **Gewitterwolke**, quillt schnell
zu einem riesigen Turm auf. In ihr jagen orkanartig Winde
auf und ab. Sie tragen Wassertröpfchen mit sich, die hoch
oben vereisen und als Körner herabfallen. Immer mehr
Tröpfchen kleben an, immer größer und schwerer werden
die Eiskörner. Dann stürzt in großen Tropfen, von Blitz
und Donner begleitet, heftiger Regen herab, oft aber auch
→ *Hagel*. Hagelkörner aus Eis können so groß werden
wie Murmeln, Taubeneier oder sogar Tennisbälle.

Tau

Wenn im Herbst tagsüber die Luft trocken ist und nachts
stark abkühlt, können morgens Wassertröpfchen Pflanzen
und Autos bedecken. Das ist → *Tau*. Fällt die Temperatur
nachts unter 0°C, kann alles von kleinen Eiskristallen
überzogen sein. Das ist → *Reif*. Gibt es morgens Tau oder
Reif, ist die Luft trocken. Meist folgt ein sonniger Tag.

Reif

→ *Nebel* ist eine Wolke, die am Boden liegt. Unzählige
feine Wassertröpfchen bilden dann einen dichten Schleier.

▶ Regen, Schnee, Tau, Reif und Hagel sind → *Niederschläge*.
▶ Gewitter und Nebel sind → *Wettererscheinungen*.

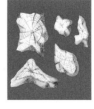

Hagelkörner   Eiskristall

Symbole für Niederschläge und   **Wettererscheinungen**

Regen	Schnee	Tau	Reif	Hagel	Nebel	Gewitter

Das Wetter beobachten und vorhersagen

Früher schrieben vor allem Bauern und Seeleute Wetterbeobachtungen auf. Beobachtungen, die über Jahre ähnlich waren, verwendeten sie als → *Wettervorhersagen*. Sie sind als → *Wetter- oder Bauernregeln* bekannt. Oft trafen sie zu, oft aber auch nicht. Heute kann das Wetter mit einiger Sicherheit für etwa drei Tage vorausgesagt werden.

> Nichts kann vor Raupen mehr schützen als Oktobereis in Pfützen.

> Oktober rau, Januar lau.

▸ Für Wetterbeobachtungen könnt ihr Hilfsmittel nutzen:

> Im November Morgenrot mit langem Regen droht.

> Novemberschnee tut der Saat nicht weh.

▸ So könnt ihr damit Wetterbeobachtungen durchführen:

⇨ *Das Wetter beobachten*
- *Messt oder beobachtet im Freien stets zur gleichen Zeit: Temperatur im Schatten (in etwa 1 m Höhe), Bewölkung, Niederschläge, Wind, Sonnenaufgang und Sonnenuntergang.*
- *Seht frühmorgens nach, ob Tau oder Reif liegen.*
- *Schreibt die Ergebnisse in eine Tabelle (→ S. 25).*

Wettertabelle im Herbst					
Datum Uhrzeit	10.10. 12.00	11.10. 12.00	12.10. 12.00	13.10. 12.00	14.10. 12.00
Temperatur in °C	11	13	12	5	4
Bewölkung	●	◑	◔	○	○
Niederschlag	⊘			⌒	⌒
Windstärke Windrichtung	o—ᒣ	⌐o	⌐o	o	o
Sonnenaufgang ⊕ Sonnenuntergang	7.36 18.41	7.38 18.39	7.40 18.37	7.42 18.35	7.44 18.33

⇨ **Wetterbeobachtungen in einer Tabelle aufzeichnen**
- *Richte die Tabelle nach dem Muster für 5 Tage ein.*
- *Fülle den Tabellenkopf (Überschrift, Datum, Uhrzeit) und die erste Spalte aus. Beachte, dass sie breit genug ist.*
- *Lege eine Übersicht mit Wettersymbolen bereit.*
- *Trage 5 Tage lang täglich deine Beobachtungen ein.*

1 *Führt Tabellen in allen Jahreszeiten. Beschreibt das Wetter und vergleicht. Vergleicht eure Beobachtungen mit Wetterberichten für eure Region.*

▶ Das Wetter auf der Erde wird vor allem von der Sonne, der Luft und dem Wasser beeinflusst. Wissenschaftler aus aller Welt, die das Wetter beobachten und auswerten (Meteorologen), tragen dazu Informationen zusammen. Sie nutzen dafür moderne Technik.

Satelliten senden vom Weltraum Bilder, die Wolkenbewegungen über allen Erdteilen zeigen.

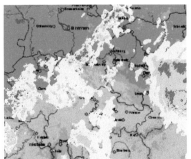

Radarbilder zeigen die Menge von Niederschlägen in einem bestimmten Gebiet.

In vielen Wetterstationen wird weltweit gleichzeitig das aktuelle Wetter beobachtet und gemessen.

→ *Computer* können aus allen erfassten Zahlen ermitteln, wie sich das Wetter in einem bestimmten Gebiet entwickeln kann. Darüber informieren → *Wetterberichte* in → *Zeitungen*, im → *Fernsehen*, im → *Internet*, … oft mehrmals täglich.

Gesund durch den Herbst

Im Herbst ist es morgens schon recht kalt. Bei Sonnenschein wird es mittags warm, aber abends kühlt es rasch wieder ab. Leicht kann man eine →*Erkältung* bekommen.

▸ Du vermeidest eine Erkältung, wenn du deine Kleidung dem Wetter anpasst und dich täglich draußen bewegst.

▸ Achte auch auf deine kleinen Geschwister: wenn sie krank werden, kannst du dich anstecken.

Was muss die kleine Schwester noch anziehen, bevor sie raus darf?

▸ Esst jeden Tag frisches Obst und Gemüse (→ S. 58).

▸ Bewegt euch jeden Tag im Freien:

Naturmemory
Sammelt Rinde, Zapfen, Blätter und Früchte. Ihr braucht stets zwei Dinge der gleichen Art. Legt alles auf den Boden. Jeder tastet vier Teile mit geschlossenen Augen ab und beschreibt sie. Was könnte das sein? Wer zwei gleiche Teile gefunden und sie benennt, darf nochmal raten. Sonst ist der Nächste dran.

➔ **Kleidung dem Wetter anpassen**
• *Lies den Wetterbericht. Achte auf Niederschläge und Temperaturschwankungen.*
• *Wähle danach leichte und warme Kleidung zum Kombinieren aus (T-Shirt, Pullover, Regenkleidung, wasserdichte Schuhe).*
• *Entscheide, was du tust, wenn sich das Wetter am Tag mehrmals ändert.*

Gummistiefelwettlauf
Ihr braucht 4 Paar Gummistiefel. Jedes Kind trägt zwei Paar Stiefel: eines an den Füßen und eines an den Händen.

1 *Stelle eine eigene Spielidee vor.*
2 *Vielleicht sammelt ihr in Gruppen Spiele für ein Herbstfest.*

Von Oktober bis Dezember ist es morgens auf deinem Schulweg noch dunkel, manchmal auch neblig. Und nachmittags, wenn du vom Spielen nach Hause gehst oder mit dem Fahrrad fährst, setzt schon die Dämmerung ein. Jetzt musst du besonders aufmerksam und vorsichtig sein.

▶ Fußgänger, Radfahrer und Autofahrer müssen im Herbst besonders auf das rasch wechselnde Wetter achten.

Mein Katzenauge!

3 *Haben sich die Kinder auf den Bildern schon auf herbstliches Wetter eingestellt? Ihr könnt es prüfen und ihr Verhalten beurteilen.*
4 *Findet selbst noch Tipps und Regeln.*

Tipps für Fußgänger und Radfahrer:

▶ Achte darauf, dass du gut zu sehen bist. Trage helle Kleidung oder bringe reflektierende Streifen an.

▶ Kümmere dich darum, dass an deinem Fahrrad die Beleuchtung funktioniert. Reflektoren und Rückstrahler dürfen nicht fehlen.

▶ Sorge dafür, dass du dich bei Regenwetter frei bewegen und auf der Straße alles gut übersehen kannst (Regenkleidung, Schultasche auf dem Rücken).

Wetterberichte auswerten

Wie wird das Wetter?
* *Wird es warm oder kühl?*
* *Brauche ich Regenkleidung?*
* *Muss ich eine warme Jacke anziehen?*

Für Fußgänger, Radfahrer, Autofahrer ist im Winter wichtig:
* *Wird es heute glatt?*

Landwirte fragen sich im Sommer:
* *Bleibt es trocken, um die Ernte einzubringen?*

Feuerwehrleute, Seeleute, Forstleute und Fußgänger interessiert besonders:
* *Gibt es heute Sturm?*
* *Wird es stark regnen?*

Ich bleibe
bei Sturm am liebsten
im Haus.

▶ Wettervorhersagen gibt es mehrmals täglich in verschiedenen →*Medien*. Du kannst →*Wetterberichte* lesen, sehen oder hören und dich über *Temperaturen, Windstärken, Bewölkung, Niederschläge* oder *besondere Gefahren* informieren. →*Wetterkarten* kannst du auswerten, wenn du die →*Wettersymbole* kennst.

1 *Sieh dir eine Wetterkarte an und lies dazu den Wetterbericht. Beschreibe, wie das Wetter in deiner Region wird.*

▶ **Im Radio:**

Der Wetterdienst gibt eine Sturmwarnung heraus.

▶ **Im Internet:**
Suchwörter:
Wetter
Wettersymbole
Wie wird das Wetter?
Wetter heute
Wetterbericht

▶ **Im Fernsehen:**

▶ **In der Zeitung**

Die Wetterzeichen bedeuten:

 zeitweise sonnig, dichtere Wolken

 stark bewölkt

 Regenschauer, zeitweise sonnig

 trocken, einzelne Tropfen

Miteinander leben

Wie können wir einander helfen?
Wie leben die Kinder in anderen Ländern?
Wie essen und trinken blinde Kinder?

Gut zusammen leben

Vivian Ich bin ein Einzelkind. Gern hätte ich einen kleinen Bruder. Meine Eltern wollen, dass ich gute Zensuren habe. Und Papa will, dass ich jeden Dienstag mein Zimmer aufräume.

Mein Taschengeld verdiene ich mir selber, dafür bringe ich Flaschen und Papier weg.

Mit meiner Mama gehe ich gern einkaufen.

Ich spiele auch im Fußballverein. Ich sehe auch gern fern, am liebsten Fußball mit Papa.

Kingsley Ich helfe nur manchmal im Haushalt. Ich will immer gute Zensuren nach Hause bringen, meine Eltern sind dann sehr fröhlich. Mein Vater ist manchmal ganz lange bei der Arbeit. Meine Mutter ist schon zu Hause, wenn ich komme. Sie macht das Essen und den Hausputz. Mein großer Bruder ist fast immer in seinem Zimmer, das finde ich gut, weil er mich manchmal ärgert.

Laura Meine Eltern sind geschieden. Ich habe zwei Schwestern, eine große und eine kleine. Meine große Schwester hat ein eigenes Zimmer, sie räumt auch selbst auf. Ich und meine kleine Schwester haben ein Zimmer zusammen. Wenn Mama sagt, wir sollen unser Zimmer aufräumen, hilft mir meine kleine Schwester nicht. Das finde ich ungerecht.

Aber wenn es darauf ankommt, halten wir zusammen. Beim Abwaschen helfe ich ganz gern. Aber Vogelkäfig sauber machen gefällt mir gar nicht.

Einen Hasen haben wir auch noch, darum kümmert sich meine große Schwester. Ich bin froh, dass alles so ist.

Damit alle in der Familie gut miteinander auskommen und jeder genügend Freizeit hat, ist es wichtig, viel miteinander zu reden und auch zu vereinbaren. Zum Beispiel: Wer kann bestimmte Aufgaben im Haushalt übernehmen? Benjamins Familie hält von Zeit zu Zeit „Familienrat". Benjamin hat sich auf so ein Gespräch im „Familienrat" vorbereitet. Er schrieb seine Gedanken auf. Dabei ordnete er seine Gedanken in vier wichtige Bereiche.

1. Was kann er selbst für sich tun?
2. Was kann er für die anderen tun?
3. Welche Wünsche hat er an die anderen?
4. Was geht gemeinsam am besten?

→ Ein Gespräch vorbereiten

- Worüber möchtest du sprechen?
- Ordne zunächst deine Gedanken in Bereiche und mache dir Stichpunkte dazu.
- Überlege, was die anderen sagen könnten.
- Bitte die Ansprechpartner um ein Gespräch.
- Trage die Gedanken vor.

Braver Detektiv.

Was ich für mich tue

- kalt duschen, damit ich früh „wach" werde
- meine Schuhe putzen
- mein Zimmer aufräumen

Was ich für die anderen tun kann

- jede Woche Zeitschriften zu Oma bringen
- Obst und Katzenfutter kaufen
- Müll rausbringen

Was die anderen für mich tun könnten

- Papa soll mal mit mir kochen
- manchmal mit Susi zusammen Hausaufgaben machen
- mit Mama 10 Minuten kuscheln

Was wir gemeinsam tun könnten

- alle zusammen zum Fußball gehen
- Oma einladen und Geschichten von früher erzählen

1 Schreibt selbst einen Gesprächszettel.

Alle leben anders …

Zu diesem Bild kannst du viele Fragen stellen:
Was macht der Junge mit seinen Fingern?
Warum sitzt er beim Lesen nicht gerade?
Warum ist das Buch so dick?
Wie kommt er in die Schule?
Welche Spiele kann er mit seinen Freunden spielen?
Woran erkennt er seine Freunde?

1 *Erkunde, was dieser Satz heißt:*

⠿⠿⠿ ⠿⠿⠿ ⠿⠿⠿ ⠿⠿⠿ ⠿⠿⠿ ⠿⠿⠿ ⠿⠿⠿

▶ **Über das Bild nachdenken und sich einfühlen**

• *Betrachte das Bild. Welchen Eindruck macht es auf dich? Was erfährst du:*
  – durch die Haltung des Körpers und der Finger,
  – durch das Buch?

• *Versuche mit verbundenen Augen Gegenstände zu erkennen oder einen bekannten Weg zu gehen.*

... und miteinander

Zu diesem Bild kannst du viele Fragen stellen. Manche kannst du nur beantworten, wenn du weitere Informationen hast.

In Deutschland leben eine halbe Million →Rollstuhlfahrer. Das sind ebenso viele Menschen, wie in Leipzig leben. Wenn Rollstuhlfahrer aus dem Haus fahren oder sich auf der Straße bewegen, sind Treppen, Bordsteinkanten und unebene Wege Hindernisse. Für sie müssen Wege und Eingänge von Gebäuden gut befahrbar sein.

2 Schau das Bild an. Was wäre in deinem Leben anders, wenn du nicht mehr laufen könntest? Sprecht darüber.

➡ Ein Thema erfassen und darüber nachdenken
- Betrachte das Bild. Was erfährst du durch das Bild?
- Stelle dir Fragen dazu, zum Beispiel: Wie kann sich der Rollstuhlfahrer im Verkehr bewegen?
- Suche weitere Informationen: im Internet, in der Bibliothek. Versuche auch Gesprächspartner zu finden.

Freie Zeit – schöne Zeit?

Gemeinsam Bilder vergleichen

- *Betrachtet alle Bilder.*
- *Besprecht, was jedes Bild darstellt.*
- *Sucht für jedes Bild einen Titel.*
- *Vergleicht und findet Unterschiede und Gemeinsamkeiten.*
- *Fasst zusammen, was die Bilder erzählen.*

Theo Meyer und Jorge Ankuman machen → *Pläne* für das Wochenende:

Liebe Oma, wir laden dich ein!
Am nächsten Sonntag wollen wir mit dir einen Ausflug
zum Oberlandsee machen.
Mutti, Sonja, Papa und ich waren
am letzten Wochenende schon dort.

ich

Mama und Papa

Sonja

Mops wollte lieber
am Ufer bleiben.

Nach dem Baden haben wir
Picknick gemacht.

Liebe Grüße Dein Theo

Wochenend-Wunschzettel für ☀ und für 🌧		
Wer kommt mit?	Mama, Papa, Tilo, Tante Miriam und ich, Jorge	
Meine Vorschläge:	zum Maifest auf den Rummel gehen, Karussell fahren, tanzen	bei Tante Miriam Urlaubsvideos sehen.
Mahlzeiten:	am Kiosk Kuchen und Eis essen	zu Hause Reis mit Tomatensoße
Zeitplan:	14.00 – 18.00	15.00 – 18.00
Nicht vergessen:	Regenschirm Getränke Taschengeld	Videos Kekse Blumenstrauß

So leben Kinder anderswo

Materialpaket: Wir informieren uns über ein Land

Fahne

Wie sieht die Fahne aus?

Landkarte

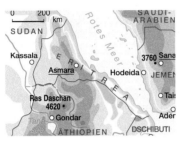

Wo liegt das Land?

Bilder von der Land-schaft

Wie sieht die Landschaft aus? Welche Tiere leben dort?

Bilder von Menschen und Tieren

Wie leben und arbeiten die Menschen? Was essen sie?

Bücher über das Land und Internet-adressen

Hier findet ihr noch mehr Antworten auf eure Fragen:

Welche Sprache sprechen die Menschen? Wie sind sie gekleidet? Welche Feste feiern sie? Welchen Schmuck tragen sie? Mit welchen Instrumenten machen sie Musik?

→ **Ein Materialpaket zusammenstellen**
- *Findet ein Thema.*
- *Verteilt Aufgaben zur Materialsammlung an einzelne, Partner, Gruppen.*
- *Legt einen Abgabetermin für das Material fest.*
- *Sammelt an diesem Tag das Material in einer Kiste und legt eine Liste an: Wer hat was mitgebracht?*
- *Sichtet das Material.*
- *Gebt geliehene Dinge rechtzeitig zurück.*

Diese Kinder leben in →Eritrea in Nordost-afrika. Bruder und Schwester sammeln Feuerholz. Oft müssen sie beim Suchen lange und beschwerliche Wege gehen. Viele Kinder in Eritrea lernen nicht lesen und schreiben. Sie können keine Schule besuchen, weil sie ihre Familien unterstützen müssen. Sie hüten das Vieh, betreuen jüngere Geschwister, holen Wasser, suchen Tierfutter und Brennstoffe oder bereiten das Essen mit vor.
Die meisten Familien bauen Nahrungs-mittel selbst an. Auch bei der Feldarbeit helfen die Kinder. Sie sind als Arbeitskräfte oft der einzige Reichtum der Familien.

1 *Sammelt weitere Informationen über Kinderarbeit in einigen Ländern. Versucht Ursachen zu ergründen.*
2 *Sprecht darüber, warum noch viele Kinder in der Welt hungern.*

Damit die Kinder zur Schule gehen können, werden im Land nach und nach Schulen gebaut. In diese Schule kommen Kinder aus den nahen Dörfern. Sie besuchen die erste bis fünfte Klasse. Hier wurde ein Brunnen gebaut. So haben die Kinder sauberes Trinkwasser (→S. 58, 94). Das ist sehr wichtig, damit sie gesund bleiben. Noch gibt es nicht an jeder Schule Trinkwasser. In Eritrea ist es oft sehr heiß und es regnet lange Zeit kaum. Dann wieder regnet es eine Zeit sehr lange und sehr heftig.

Festbräuche aus aller Welt – an Stationen lernen

Station 1

Ostern in Deutschland

Zeit: erster Sonntag nach dem ersten Frühjahrsvollmond

Für die Christen ist der Ostersonntag der Auferstehungstag Jesu. Die Osterfeiertage werden in der Kirchengemeinde und in der Familie gefeiert. Nach altem Brauch verschenken wir zu Ostern verzierte Eier als Symbole des Lebens. Angeblich soll am Ostersonntag der Osterhase bunte Eier verstecken.

Osterfeuer symbolisieren die Sonne. Sie spendet allem neu erwachenden Leben im Frühling ihre Kraft.

Sucht und sammelt Material über den Ursprung und die Geschichte des Osterfestes.

Station 2

Raksha Bandhan in Nordindien

Zeit: August

Raksha Bandhan ist das Fest der Liebe zwischen Schwester und Bruder. Raksha bedeutet Schutz und bandhan Bindung. In einer feierlichen Zeremonie schenkt die Schwester dem Bruder ein selbst geflochtenes Armband. Der Bruder bedankt sich mit einer Gabe, manchmal schenkt er der Schwester einige Rupien. Rupie heißt eine indische Währung. Bruder und Schwester wünschen einander gesund zu bleiben und füreinander da zu sein, auch wenn sie größer werden.

Versuche einen Rakhi für deine Geschwister zu flechten. Oder schenke das Band einer Freundin oder einem Freund.

Station 3

Halloween in den USA

Zeit: letzte Nacht im Oktober

 Dieses Fest ist sehr alt. Früher fürchteten die Menschen, dass böse Geister in dieser Nacht Unheil anrichten. Um sie fern zu halten, stellten sie brennende Kerzen in ausgehöhlte Kürbisse.

Heute verkleiden sich die Kinder als Geister. Sie erschrecken die Nachbarn mit dem Ruf "Trick or treat" – „Spende oder Streiche". Sie bekommen dann Süßigkeiten.

Bastelt und bemalt Masken. Oder schmückt euch als Geister.

Station 4

Neujahrsfest in China

Zeit: Es beginnt am ersten Tag des chinesischen Kalenders, meist im Februar, und dauert 15 Tage.

Chinesisches Neujahr ist eines der buntesten Feste der Welt. Zunächst reinigen die Familien ihre Häuser, um das Unglück des letzten Jahres zu vertreiben. Sie schmücken die Räume mit Pfirsichblüten, das soll Glück bringen. Feuerwerkskörper an der Tür vertreiben böse Geister. Die Familien besuchen Verwandte und Freunde. Als Glücksbringer schenken sie einander leuchtend orange Mandarinen mit Blättern. Die Kinder bekommen rote Päckchen mit Glücksgeld.

Informiert euch über die Symbole des chinesischen Neujahrsfestes.

Die Sprache des Körpers in Bildern festhalten

▶ Wir können nicht nur mit Worten sprechen. Auch der Körper und das Gesicht haben eine Sprache. An der Körperhaltung und am Gesichtsausdruck kannst du sehen, ob ein Mensch lustig ist oder müde, aufgebracht oder nachdenklich.

1 *Probiert selbst Körperhaltungen aus. Spielt sie einander vor:*
Es geht dir gut, weil du ...
... dich gefreut hast.
... eine Überraschung bekommst.
... eine schwierige Aufgabe erfüllt hast.
... einen Freund triffst.
Es geht dir nicht so gut, weil ...
... dir etwas weh tut.
... du wartest und dein Freund nicht kommt.
... du etwas Wichtiges verloren hast.
... du dich fürchtest vor ...

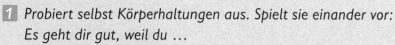

2 *Fotografiert Gesichtsausdruck und Körperhaltung anderer Kinder in unterschiedlichen Situationen. Beschriftet die Fotos.*

3 *Betrachtet genau, wie sich Augen und Mund verändern: wenn ein Mensch fröhlich ist, wenn er wütend ist oder wenn er sich fürchtet. Achtet auch darauf, was die Hände machen.*

4 *Zeichnet Augen und Mund so, dass zu erkennen ist, was der Mensch fühlt. Beschreibt den Ausdruck auch mit Worten.*

Natur und Menschen im Winter

Was machen Pflanzen und Tiere im Winter?
Warum zündet man gerade in der Winterzeit so viele Kerzen an?
Wie viel wiegt eine Schneeflocke?

Wie Pflanzen überwintern

Kastanienknospe

Längsschnitt durch eine Kastanienknospe

▶ Die Kastanie hat im Herbst ihre Blätter abgeworfen. Jetzt ist ihre Wuchsform deutlich zu erkennen.
Bereits im Sommer, als der Baum reichlich Nährstoffe zum Wachsen hatte, legte er seine großen, klebrigen →*Knospen* an.
Aus ihnen werden im Frühjahr neue Blätter und Blüten sprießen.
Nun aber ist der Baum in der Winterruhe. Alle Lebensvorgänge laufen langsam ab. Kastanien sind, wie alle Laubbäume, →*mehrjährige Pflanzen* (→S. 118).

▶ Andere Pflanzen überdauern den Winter durch ihre unterirdischen Speicherorgane. Das Schneeglöckchen hat eine →*Zwiebel* und das Veilchen einen →*Wurzelstock*. Darin haben sie im Vorjahr Nährstoffe gesammelt und gespeichert.

▶ Roggen überdauert den Winter als →*Samen*. Die Samenkörner reifen im Sommer in den Ähren. Sie enthalten viele Nährstoffe und auch den Keimling, aus dem sich im nächsten Jahr eine neue Pflanze entwickelt. Roggen (→S. 116, 118) ist eine →*einjährige Pflanze*.

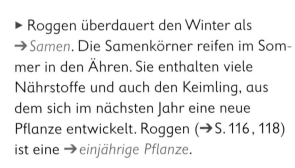

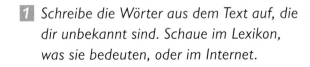

Und was ist mit den Weihnachtsbäumen?

1 *Schreibe die Wörter aus dem Text auf, die dir unbekannt sind. Schaue im Lexikon, was sie bedeuten, oder im Internet.*

Wie Tiere überwintern

▶ Winterschlaf

▶ Winterruhe

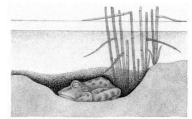

▶ Winterstarre

1 Benenne die Tiere. Was machen sie im Winter (→ S. 17)?
2 Wie unterscheiden sich Winterruhe, Winterschlaf und Winterstarre?
3 Wie überwintern Störche und Schwalben (→ S. 51, 123)?

▶ Viele Tiere sind auch im Winter aktiv. Sie sind auf Nahrungssuche unterwegs. Im Schnee sehen wir Fußspuren von Vögeln – von Meisen, Krähen, Tauben, Sperlingen. Im Wald und im freien Feld finden wir → Spuren und → Fährten von Rehen, Wildschweinen, Füchsen und Feldhasen.

Zum Winter wird das Fell des Feldhasen dichter und dicker. Sein Winterkleid ist graubraun bis weißlich. Als Einzelgänger ist er allein unterwegs. Besonders in der Dämmerung sucht er Futter, zum Beispiel Knospen, Triebe und auch Baumrinde.

Schon im Januar finden sich Paare zusammen. Sechs Wochen nach der Paarung werden die Jungen geboren. In einem warmen, ausgepolsterten Nest kommen sie zur Welt. Sie haben schon Fell und können sehen.

Wie der Winter aussieht – wir dokumentieren

Raureif an den Bäumen im Garten.
Entdeckt am 4. Januar, Sonntag, um 10.30 Uhr.

> Wie entstehen die Eiszapfen?

> Welche Vögel bleiben hier?

Eiszapfen an den alten Telefonleitungen.
Das erste Mal gesehen am 12. Januar.

> Warum friert der Bach nicht zu?

> Wie viel wiegt der Schnee?

1 *Überlege kleine Bildunterschriften zu den unteren Fotos.*
2 *Auf allen Winterbildern kannst du Wasser sehen: Mal als fließendes Wasser,
mal als Schnee, mal … Wie kann Wasser im Winter noch aussehen (→ S. 91–97)?*

Jeder Eiskristall hat sechs Strahlen, und doch …

Es war eine helle Winternacht. Der kleine Marder …

→ *Schneeflocken* bestehen aus winzigen Eiskristallen. Kein Eiskristall gleicht dem anderen, aber sie sind immer sechseckig. Die Eiskristalle auf diesem Foto sind sehr stark vergrößert. In Wirklichkeit sind sie nur 3 mm lang: ❄

Wie viel wiegt eine Schneeflocke?
Sie wiegt fast nichts. Fang sie auf:
eine, zwei, hundert Schneeflocken.
Du spürst ihr Gewicht nicht.
Wenn du unzählbar viele zu einem
Schneeball rollst, spürst du sein Gewicht.
Leg ihn auf eine Waage.
Auch beim Schneeschieben merkst du,
wie schwer Schnee sein kann.
Unter einer Schneelast können sogar
Äste von den Bäumen brechen.

Schnee fällt sacht. Schnee dämpft die Geräusche. Schnee schützt die Pflanzen. Kannst du ihn riechen, sehen, fühlen oder schmecken?

⇨ **Bilder dokumentieren**
- *Besorgt Material: Fotoalbum, Zeichenkarton, Klebstoff, Schere.*
- *Findet ein Thema.*
- *Wählt Bilder oder Fotos aus. Manche Bilder werden eindrucksvoller, wenn ihr einen Ausschnitt wählt.*
- *Verfasst kleine Texte: Bildunterschriften, Beschreibungen, Verse …*
- *Ordnet alles übersichtlich und klebt es auf.*

Sich vor Kälte schützen

➔ Temperaturen mit der Haut messen

- Fülle je eine Schüssel mit kaltem, lauwarmem und warmem Wasser.
- Tauche eine Hand ins warme und dann ins lauwarme Wasser.
- Tauche die andere Hand ins kalte und dann ins lauwarme Wasser.
- Beschreibe deine Empfindungen.

Wie die ➔ Haut (➔ S. 57) die Temperatur „misst", könnt ihr auch in anderen Situationen erfahren: In einem ungeheizten Hausflur treffen zwei Kinder zusammen. Das eine Kind kommt von draußen, das andere aus der geheizten Wohnung.
Wie werden sie die Temperatur im Hausflur empfinden?

Ob dir warm ist oder kalt, hängt auch davon ab, was du machst. Wer an einem kühlen Wintertag lange an der Haltestelle warten muss, wird bald frieren. Wer den Weg zum Bus gerannt ist, dem ist warm. Wie kalt es draußen wirklich ist, kann dein Körper nicht genau empfinden. Deshalb kannst du dich leicht unterkühlen, bevor du es merkst. Du musst dich vor Kälte schützen.

Was meint eigentlich der Wetterbericht mit gefühlter Temperatur?

Wie sind Tiere vor der Kälte im Winter geschützt?

Vielen Säugetieren wächst ein dichteres Fell. Manche fressen sich eine dicke Fettschicht an.

Vögel bekommen ein dichteres Federkleid. Wenn es kalt ist, plustern sie ihr Gefieder auf.

Wie kannst du dich vor Kälte schützen?

▶ **Kleidung** kann dich vor Kälte schützen. Zwischen der Kleidung und deinem Körper ist eine Luftschicht. Dein Körper erwärmt diese Luft. Deine Kleidung bewirkt, dass die warme Luft drinnen bleibt und die kalte Luft draußen.

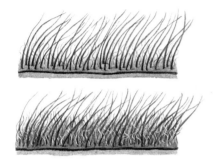

Die ‚Kleidung' der Säugetiere ist ihr Fell. Winterfell hat mehr Wollhaare. Zwischen den Haaren bleibt die warme Luft am Körper.

Wollfäden sind meist aus Tierhaaren gesponnen. Sie schließen viel Luft ein und halten deshalb schön warm.

Wer mehrere Kleidungsstücke übereinander zieht, wird durch die warmen Luftschichten zwischen den Teilen gewärmt.

▶ **Fettcreme** schützt deine Haut, zum Beispiel im Gesicht. Wie die Fettschicht mancher Tiere lässt das Fett auf deiner Haut die Frostluft nicht an dein Gesicht (➔ S. 57).

▶ **Bewegung** wärmt dich: wenn du rennst, hüpfst, die Hände reibst … Wenn du dich bewegst, arbeiten deine Muskeln. Dabei entsteht Wärme und dir wird warm.

Und warum zittern wir und bekommen Gänsehaut?

Wenn du **zitterst**, versucht dein Körper selbst Wärme zu erzeugen. Er lässt Muskeln zittern. Dabei entsteht Wärme. Aber nicht genug, um dich vor Unterkühlung zu schützen. Besser ist, du bewegst dich selbst, dann wird dir warm. Und was macht die **Gänsehaut**? In früher Zeit hatten die Menschen viel mehr Körperhaare – fast wie ein Affenfell. Wenn es kalt war, richteten kleine Muskeln die Härchen auf. Wie ein Pullover hielten die Härchen damit die warme Luft zwischen dem Fell und dem Körper. Heute haben wir weniger Haare, aber die kleinen Muskeln sind noch da. Sie wollen ein Fell aufstellen, das wir nicht mehr haben.

Was erzählt dieses alte Bild vom Leben der Menschen im Winter?

Gefahren einschätzen lernen

1 Betrachte die Bilder und beschreibe die Situationen.
Stelle Vermutungen an, was passieren könnte!

2 Suche aus aktuellen Zeitungen Nachrichten über Unfälle im Winter.
Stellt Tipps zusammen, wie man Wintergefahren aus dem Weg gehen kann.

Bei Gefahren helfen können

A

B

C

D

1 Betrachte die Bilder. Welche passen zu den Bildern auf Seite 48?
2 Wie hilft die Feuerwehr?
Dort könnt ihr Informationen finden:
in Sachbüchern, bei einem Besuch in einer Feuerwache, im Internet.

Ist dir kalt?

Winterlichter bei uns …

In der Weihnachtszeit stehen in vielen Fenstern Leuchter und Schwibbbögen. Dieser → *Brauch* stammt von den Bergleuten aus dem Erzgebirge.
Ihre Familien stellten brennende Kerzen in die Fenster. Die Lichter sollten im Winter den Weg zum Schacht erhellen. Denn wenn die Bergleute morgens in den Schacht einfuhren, war es noch dunkel. Und wenn sie den dunklen Schacht am Abend wieder verließen, war die Sonne schon lange untergegangen. Die Lichter in den Fenstern wiesen ihnen den Weg.

Für jeden Knaben stand ein geschnitzter Bergmann im Fenster. Für jedes Mädchen leuchtete ein geschnitzter Lichterengel.

Oft trugen Figuren diese Kerzen. Die Anzahl der Figuren im Fenster zeigte auch, wie viele Kinder in den Familien lebten. Meist hatten die Bergleute viele Kinder und die Fenster waren hell erleuchtet.

Der Name des Schwibbbogens kommt vom Schwebebogen aus der Baukunst. Schwebebogen nennt man einen gemauerten Bogen, der zwei Mauerteile überbrückt.

Die Bergschmiede nutzten diese Bogenform für eiserne Leuchter, die in der Grube aufgehängt wurden. Manche sagen, die Form des Bogens erinnere an den Tagbogen der Sonne. Andere meinen, sie erinnere sie an den Brauch der Bergleute, in finsteren Winternächten ihre Grubenlampen um das Stollenloch zu hängen. Der Leuchter zeigte Figuren aus dem Leben der Bergleute, Werkzeuge ihres Berufs und Wappen.

· · Dezember · · · · · · · · · · · · · · · Januar · · · · · ·

21
Dezember

Winteranfang, längste Nacht im Jahr

Die Barbarazweige blühen auf.

24. Dezember
Heiligabend
25. und 26. 12.
Weihnachten

31. Dezember
Silvester

1. Januar
Neujahr

... und anderswo

Auch in anderen Ländern leuchten in der Vorweihnachts-
zeit viele Lichter.

1 *Welche Bräuche aus anderen Ländern kennst du?*

In Schweden wird erzählt, dass die heilige Lucia jedes Jahr
in den dunklen Tagen übers Moor gekommen sei, um den
Menschen Licht zu bringen. Am 13. Dezember wird in
Schweden der Tag der heiligen Lucia gefeiert. Lucia heißt
die »Leuchtende« und stammt von dem lateinischen Wort
Lux: das Licht. Der 13. Dezember galt in früheren Zeiten
als Tag mit der längsten Nacht. Nach diesem Tag, so
meinte man, würden die Tage wieder länger.
Auf einem Kranz aus Buchsbaumzweigen trägt Lucia
brennende Kerzen. Die Kerzen sind ein Zeichen der Hoff-
nung und kündigen die Wiederkehr des Lichtes an.
Mit einer solchen Krone brennender Kerzen ziehen junge
Mädchen als Lichterkönigin Lucia mit ihrem Gefolge
durch Kindergärten und Schulen, durch Krankenhäuser
und Betriebe und singen das Lucia-Lied. Das Lied erzählt
von der Rückkehr des Lichtes. So lautet die erste Strophe
auf Deutsch und auf Schwedisch:

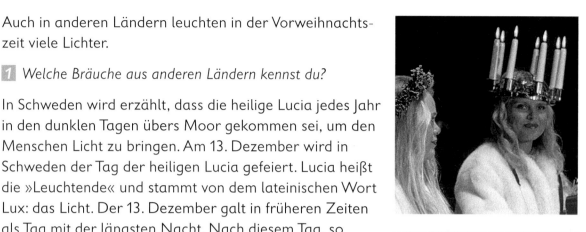

Dunkelheit liegt so schwer
auf allem Leben.
Sonne, die scheint nicht mehr.
Nachtschatten schweben.
Durch dunkle Stub' und Stall
schreitet im Lichterstrahl.
Sancta Lucia, Sancta Lucia.

Natten går tunga fjät runt
gård och stuva.
Kring jord som sol förlät,
skuggorna ruva.
Då i vårt mörka hus,
stiger med tända ljus,
Sankta Lucia, Sankta Lucia.

Februar • • • • • • • • • • März • • • • • • •

Störche
in Afrika

Meisen
im Futterhaus

Der Igel hält noch
Winterschlaf.

Erste Schnee-
glöckchen

Welche Wintergerüche
kennst du?
Welche Winterklänge
kennst du?

Brandschutzregeln

Wenn du in der dunklen Jahreszeit Kerzen anzündest, musst du aufpassen,
dass kein Brand entsteht. Direkt über einer Flamme beträgt die Temperatur
bis zu 750 °C. Selbst 10 cm über der Flamme sind es noch 350 °C!
Zünde deshalb nie Kerzen an, wenn kein Erwachsener dabei ist!

Brandschutzregeln zum Umgang mit Kerzen beachten

Bevor du die Kerzen anzündest …	Sieh nach, ob die Kerzen fest stehen und nicht zu dicht nebeneinander. Der Kerzenständer darf nicht entflammbar sein. Er sollte aus Metall, Glas oder Keramik sein. Stelle einen Eimer mit Wasser oder Sand bereit. Sollte doch etwas brennen, kannst du sofort löschen.
Wenn du die Kerzen anzündest …	Vorsicht! Nicht mit Ärmeln oder Haaren über die offene Flamme kommen! Streichholz nie in den Papierkorb werfen!
Wenn die Kerze brennt …	Zugluft vermeiden. Kerze nie ohne Aufsicht lassen! Du weißt nie, ob du abgelenkt wirst und die brennende Kerze vergisst.
Wenn du die Kerzen löschst …	Die Flamme nicht auspusten. Am besten mit einem Kerzenlöscher ausdrücken oder mit einem Metalllöffel.
Wenn es doch brennt …	Ruhe bewahren. Alle Fenster und Türen schließen. Die Flammen müssen erstickt werden – mit einer Decke, mit Sand oder mit Wasser löschen. Gelingt das nicht, sofort die Feuerwehr rufen: **112**

➡ *Feuer löschen im Versuch*

Stelle zwei Teelichter auf Porzellanteller.
Zünde die Lichter an.
Stülpe über eines ein feuerfestes Glas.
Beobachte. Wie lange brennt die Kerze?
Was passiert? Finde eine Begründung.

Was mir gut tut

Ich schließe meine Augen. Wo bin ich? Woher weiß ich das?
Wann war ein Tag ein guter Tag?
Ich bin gesund: Was heißt das?

War es ein guter Tag?

So war der Tag von Luzie und Willi: Was ist gleich? Was ist anders?

Über den Tag nachdenken

- Frage dich über deinen Tag:
  - Was hat mir gefallen?
  - Was ist mir gut gelungen?
  - Warum hat mir etwas Kummer bereitet?
  - Was will ich ändern?
  - Wer kann mir dabei helfen?
- Vergleiche mit anderen.

Was sehen meine Augen? Was sehen meine Hände?

Hier stimmt was nicht!

Mit der Zunge kann man gucken,
mit den Beinen kann man spucken.
Auf den Ohren kann man kriechen,
mit den Augen kann man riechen.
Hören kann man mit den Zehen,
auf dem Mund, da kann man stehen.
Mit den Händen kann man lecken
und die Schokolade schmecken.
Mit den Knien kann man trinken,
mit der Nase kann man winken.
Damit endet das Gedicht und mir scheint:
Hier stimmt was nicht.

Paul Maar

Aber das stimmt.

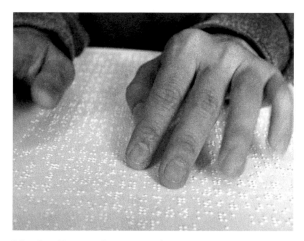

Mit den Fingern kann man lesen.

Kann man denn mit den Augen schmecken oder hören?

Welches sind deine Sinne und wie nimmst du damit deine Umwelt wahr?

⮕ *Eine Sachzeichnung beschriften*
- *Zeichne das Objekt so, dass alle wichtigen Teile deutlich zu sehen sind und auch, wie die Teile zusammenhängen.*
- *Bestimme, was du beschriften willst.*
- *Ziehe von jedem Teil eine gerade Linie nach außen.*
- *Schreibe nun an jede Linie, wie dieses Teil heißt.*
- *Finde einen Titel für deine Zeichnung.*

▶ Mit den →*Augen* siehst du Farben, Formen, Größen, Entfernungen, Bewegungen oder was oben und unten ist. Räumlich siehst du nur mit beiden Augen, zum Beispiel, was sich weiter vorn oder weiter hinten befindet.
▶ Die Augen sind durch Wimpern, Augenbrauen und Augenlider geschützt. Sie sind sehr beweglich.

Augen-
braue
Augenlid
Pupille
Iris
Wimpern

1 *Beobachtet gegenseitig eure Augen: Zeichnet sie. Was können sie machen? Welche Gefühle zeigen sie? Wie verändern sich die Pupillen im Hellen und im Schatten?*

▶ Mit den →*Ohren* hörst du Geräusche, Laute, Töne und Klänge. Sie sind laut oder leise, kurz oder andauernd. Die Richtung, aus der sie kommen, kannst du nur mit beiden Ohren bestimmen. Vorsicht! Lärm schädigt die Ohren. Man kann schwerhörig oder sogar taub werden.

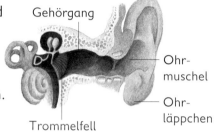

Gehörgang
Ohr-
muschel
Ohr-
läppchen
Trommelfell

2 *Probiert, was ihr mit euren Stimmen machen könnt.*

▶ Mit vielen kleinen Geschmacksknospen auf der →*Zunge* schmeckst du, ob etwas süß, sauer, bitter oder salzig ist. Die vier Geschmacksrichtungen und der Duft von Speisen und Getränken verbinden sich zu dem Geschmack, den du kennst. Du schmeckst: den Apfel, die Schokolade, …

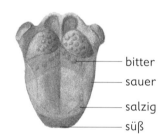

bitter
sauer
salzig
süß

3 *Probiert, welche Speisen ihr erkennt, ohne sie zu sehen.*

▶ Mit deiner →*Nase* nimmst du wahr, was süßlich, säuerlich, blumig, brenzlig, harzig oder faulig riecht. Geschmack und Geruchssinn wirken zusammen. Das merkst du, wenn du Schnupfen hast. Dann schmeckst du auch wenig.

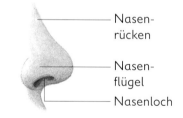

Nasen-
rücken
Nasen-
flügel
Nasenloch

4 *Berichte, wo deine Nase dich vor einer Gefahr gewarnt hat.*

▶ Die →*Haut* (→S. 46, 47) ist dein größtes Sinnesorgan. Sie enthält viele Empfindungsnerven und Tastpunkte – du fühlst.

Besonders viele Tastpunkte

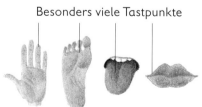

5 *Probiere aus, was dir deine Haut bei Berührung mitteilt: mit Eis, warmem Wasser, bei Druck, Streicheln, Kneifen… Spielt: Mit welchen Körperteilen könnt ihr Dinge erfühlen?*

Gut essen und trinken

Täglich:
1–2 Stück Obst, Obstsaft
200 g Gemüse/Salat
4–5 Gläser Wasser oder Tee
1 Glas Milch, 1 Becher Jogurt,
1 Scheibe Käse
25 g Butter, Margarine, Öl (Fette)
340 g Brot, Nudeln, Kartoffeln,
Reis
Jede Woche:
150 g Fisch, 70 g Fleisch, 2 Eier

▶ Nahrung und Getränke
wirken zusammen:

Kohlenhydrate
und **Fette**
geben Energie

Eiweiße helfen
beim Wachsen.

Ballaststoffe
helfen der
Verdauung.

Vitamine und
Mineralstoffe
stärken
Abwehrkräfte.

Staunst du nicht manchmal, was dein Körper täglich leistet?

Am Morgen öffnest du die Augen. Sofort siehst du deine
Umgebung, dein Ohr hört Musik und dein Mund singt mit.
Tag und Nacht atmest du. Wusstest du schon, dass deine
Kopfhaare zusammen täglich 36 m wachsen? Dass dein
Blut durch die vielen Gefäße deines Körpers einen Weg
von 150 km fließt? Das ist so weit wie von Berlin nach
Leipzig oder Magdeburg oder zur Insel Usedom.

▶ Für alles braucht dein Körper Nährstoffe und Flüssigkeit. Nahrung gibt dir Energie zum Wachsen, Denken und
Bewegen. Sie enthält auch Mineralstoffe und Vitamine,
die deinen Körper gesund und schön erhalten.
Du brauchst Nahrungsmittel aus allen Gruppen
des → *Ernährungskreises.* Nur wenn sie in deinem Körper
zusammen wirken, bleibst du gesund, aktiv und fit.

In einer Grundschule wurden 100 Kinder nach ihren Essgewohnheiten befragt. Das ist das Ergebnis:

Was hast du denn für Essgewohnheiten?

Wie gesund ernähren sich die Kinder in unserer Schule?

trinken Schulmilch

essen Gemüse und Obst

essen Vollkornbrot

Nahrungsmittel

→ **Ein Diagramm auswerten**

- *Ein Diagramm veranschaulicht Mengen. Es hilft, Zusammenhänge zu erkennen:*
  - *– Lies die Überschrift.*
  - *– Betrachte das Bild und lies die Beschriftung.*
  - *– Formuliere die Aussage.*
- *Du kannst die Aussage bewerten.*

1 *Führt auch an eurer Schule eine solche Befragung durch.*
2 *Befrage dich selbst: Was tue ich für mich?*

Was esse ich zum Frühstück?

Genieße ich mein Essen?

Esse ich frische Lebensmittel?

Weiß ich, was gesund ist und was nicht?

Informiere ich mich über Lebensmittel?

Trinke ich genug? Wie viel Zucker ist darin?

Drogen, nein danke! – Projektbericht

Darüber haben wir diskutiert:

Einige Meinungen:

Das wollten wir wissen und haben uns informiert:

Wie wirkt Alkohol?
- Zunächst fühlt man sich meist wohl und zufrieden.
- Steigt die Alkoholmenge, reagiert der Mensch langsamer, schwankt, stolpert und stottert.
- Das Gedächtnis lässt nach, weil kleine Zellen im Gehirn absterben.
- Bei Kindern wachsen diese winzigen Teilchen im Gehirn nicht mehr nach. Ihre Entwicklung wird gestört: das Denken, die Beweglichkeit, die Sprache.

Wie viele Kinder trinken Alkohol?
- jedes vierte der 11- bis 15-Jährigen
- Jedes fünfte Kind in Deutschland trinkt wiederholt viel Alkohol.
- Mixgetränke sind besonders gefährlich, weil man den Alkohol nicht gleich merkt.

Wie wirkt Nikotin?
- Nikotin ist im Zigarettenrauch.
- Es gehört zu den stärksten Giften.
- Es tötet Menschen langsam, kleine Tiere und Pflanzen aber schnell: wie Kressesamen beim Keimen.

Im Jugendschutzgesetz steht: Die Abgabe von Tabak und Alkohol

Diese Aktionen haben wir gestartet:

1 Werbung gegen Alkohol

- eine Werbung für Alkohol aus einer Zeitschrift ausschneiden
- einen Werbespruch dagegen verfassen
- die Werbesprüche in der Klasse ausstellen

2 Rollenspiele: „Ich kann Nein sagen"
in mehreren Situationen spielen:

- wo und wie Zigaretten angeboten werden
- wie jeder dazu „Nein" sagen würde
- auch zum Alkohol „Nein" sagen lernen

⇒ *Zum Projektbericht*
eine Projektwand gestalten

- *Plant, was ihr wem mitteilen wollt.*
- *Findet eine treffende Überschrift.*
- *Was könnt ihr mit Bildern zeigen?*
  – Sucht oder gestaltet passende Bilder.
  – Gebt ihnen Bildunterschriften.
- *Was wollt ihr als Text mitteilen?*
  – Schreibt passende Texte.
  – Hebt das Wichtigste farbig hervor.
- *Ordnet Texte und Bilder übersichtlich auf der Projektwand an.*

an Kinder und Jugendliche unter 16 Jahren ist verboten!

Ein Tag voller Gesundheit

BEWEGEN

QUIZ VORBEREITEN

Test für Gesundheitsexperten:
1. Wie kannst du deine Ohren schützen?
   A sauber und trocken halten
   B Musik nicht als Dauerlärm
   C mit Kopfhörern schlafen
2. Wie kannst du deine Augen schützen?

SINNE TESTEN

Was siehst du im Bild?

Welcher der beiden
mittleren Kreise ist größer?
Erst schätzen, dann messen.

Was liest du
im Streifen?

MEMORY
BASTELN

ESSEN
UND
TRINKEN

ENTSPANNEN

Pilztomaten zubereiten:
Von 4 Tomaten einen Deckel
abschneiden, das Innere auslöffeln.
Aus dem Eiweiß von 2 gekochten Eiern
Punkte schneiden.
Den Rest Eiweiß, die Eigelb, 1 TL Butter,
1 TL Senf, 2 EL saure Sahne, 3 EL Reibekäse
und etwas Pfeffer mischen und die Tomaten
füllen. Die Tomatendeckel mit Eiweißpunkten
schmücken.

Lavendelbad:
12 Lavendelblüten, 500 g grobes
Meersalz vermischen – eine Woche
ziehen lassen
Pro Bad 2 EL ins Wasser geben

Malen
nach Musik

Regenrohr
herumreichen

➡ **Einen Tag zu einem
Motto gestalten**
- *Findet einen Leitspruch.*
- *Schreibt einen Plan:*
  - *Tag, Zeit, Ort,*
  - *Anzahl der Teilnehmer,*
  - *Aktivitäten,*
  - *Material sammeln,*
  - *Helfer finden.*
- *Den Tag veranstalten.*
- *Den Tag auswerten:*
  Fotos, Interviews, Berichte,
  Ausstellung.

Ein Handzettel für die erste Hilfe

Willst du dir oder anderen helfen, kann dir ein ➜ *Handzettel* von Nutzen sein.
Als Leporello gefaltet kannst du ihn bei dir tragen und im Notfall nachsehen, wie du helfen kannst. Wenn du öfter darin liest, prägen sich wichtige Handlungen fest ein.
Um erste Hilfe selbst zu leisten, brauchst du:

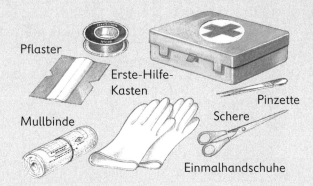

Pflaster

Erste-Hilfe-Kasten

Pinzette

Schere

Mullbinde

Einmalhandschuhe

Selbst helfen – aber wie?

Kleine Verletzungen

Schnitt- und Schürfwunden
- *beim Versorgen Einmalhandschuhe anziehen*
- *nicht berühren, mit Pflaster oder einem Mullverband bedecken*

Verbrennung oder Verbrühung
- *verbrannte oder verbrühte Stelle sofort unter kaltes Wasser halten*

Sonnenbrand
- *mit feuchtem Tuch kühlen*
- *an einen kühlen Ort begeben*
- *zum Arzt gehen*

Nasenbluten
- den Kopf nach vorn beugen
- kalte Umschläge in den Nacken legen

Insektenstiche
- *selbst Ruhe bewahren oder andere beruhigen*
- *kühlen, Zwiebelscheiben auflegen*

Hilfe holen – aber wie?

Brand   Unfall   Badeunfall

So mache ich es richtig:
- Ruhe bewahren
- Erwachsene herbeiholen
- Notruf wählen (kostenfrei)

Notruf-Nummern
- Feuerwehr **112**
- Polizei **110**

Sprich langsam und deutlich!

Sage, wer spricht (Name des Anrufers)!

Wo ist es passiert? (Adresse, Abfahrt)

Was ist passiert? (Brand, Verkehrsunfall)

Wie viele Verletzte?

Welche Verletzungen?

Warten auf Rückfragen.

Bei uns zu Hause – früher und heute

Wann hat unsere Schule den kleinsten Schatten?
Wie war die Schulzeit unserer Eltern und Großeltern?
Wie erkennt man auf der Karte einen Berg?

Ein Modell der Schule bauen ...

Um ein Modell eures Schulgeländes zu bauen, müsst ihr alles von allen Seiten genau betrachten:

1

2

3

4

⮕ *Ein Gelände erforschen*

• *Findet heraus:*
  - *Begrenzungen des Geländes,*
  - *Zugänge und Zufahrten,*
  - *Anzahl der Gebäude, ihr unterschiedliches Aussehen,*
  - *Wege, Anlagen, Bäume,*
  - *wie Gebäude und Anlagen zueinander stehen (Abstand, Richtung).*

• Sammelt Material und baut daraus Gebäude, Bäume, ...

• Ordnet alles auf großes Packpapier und gestaltet Wege und Anlagen.

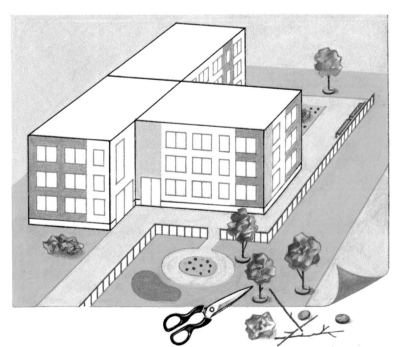

Beachtet:

▶ Im ⮕ *Modell* ist alles kleiner und einfacher: Häuser, Wege, Plätze. Auch die Räume zwischen ihnen.

▶ Gebäude und Anlagen sind wie in der Wirklichkeit unterschiedlich groß.

▶ Alles muss so angeordnet werden, wie es auf dem Schulgelände zu sehen ist.

… und einen Plan davon zeichnen

So kann ein Plan eures Schulgeländes entstehen:
- Umfahrt mit Stiften die →*Grundflächen* eurer Häuser und nehmt sie vom Papier herunter. Auf dem Packpapier sind nun die →*Grundrisse* der Häuser zu sehen.

▶ Der →*Plan* zeigt Gebäude, Wege und Anlagen vereinfacht, verkleinert und in der richtigen Lage zueinander. Um die Lage aller Gebäude, Wege und Anlagen zu kennzeichnen, tragt die Himmelsrichtungen ein.

▶ →*Haupthimmelsrichtungen:*
N→ Norden S→ Süden O→ Osten W→ Westen (→S.19)

- Gestaltet jetzt Wege, Anlagen, Bäume und was sonst auf dem Schulgelände zu sehen ist.
  Wie könnten deren Grundrisse aussehen:

geknülltes Papier

Kork-scheibe

| Beet | Zaun | Teich | Weg | Baum | Bank |

▶ Damit ein Plan „lesbar" ist, werden Farben, Linien und Zeichen in einer →*Legende* erklärt.

Legende:
- Gebäude
- Grünanlage
- Beet
- Baum
- Weg
- Zaun
- Bank
- Teich

Alte und neue Schulgeschichten

Uroma besuchte die Schule von 1925
bis 1933. Sie hatte jeden Tag einen langen
Schulweg bis ins Nachbardorf.
Dort unterrichtete ein Lehrer mehrere
Klassen gleichzeitig in einem Raum.

Oma kam 1952 in die erste Klasse.
Sie besuchte die Schule bis zur 10. Klasse.
Viele ihrer Mitschüler hatten keinen Vater
mehr. Viele Väter waren als Soldat im
Zweiten Weltkrieg gefallen.

1920 ••• 1925 ••• 1930 ••• 1935 ••• 1940 ••• 1945 ••• 1950 ••• 1960 ••• 1965

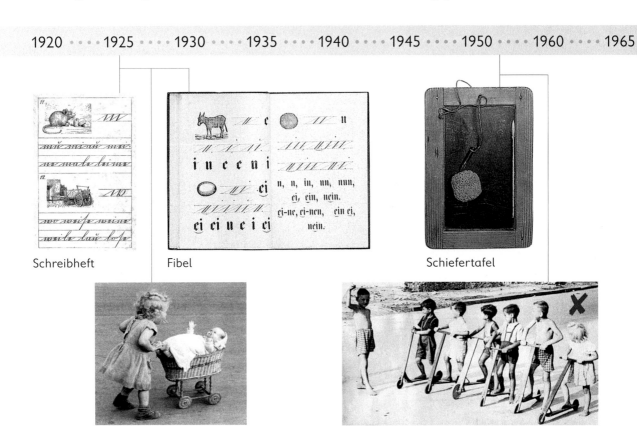

Schreibheft   Fibel   Schiefertafel

Mutter kam 1977 zur Schule. Viele Kinder ihrer Klasse kannte sie schon aus dem Kindergarten. In den Ferien fuhren sie oft in ein Ferienlager.
Nach 12 Jahren machte Mutter ihr Abitur.

Julia wurde im Sommer 2003 eingeschult. Ihre Klasse lernt zusammen mit den Zweitklässlern. Die können schon lesen und helfen den Kleinen oft. Julia geht gern zur Schule. Sie möchte gerne Lehrerin werden.

1970 ••• 1975 ••• 1980 ••• 1985 ••• 1990 ••• 1995 ••• 2000 ••• 2005 ••• 2010

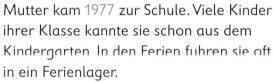

Fibel   Schulfüller

⇥ **Mit einer Zeitleiste arbeiten**
- *Lies die Jahreszahlen auf der Zeitleiste.*
- *Finde heraus, was die Punkte bedeuten.*
- *Zeige wichtige Daten von dir: Geburt, Einschulung, eine schöne Ferienreise …*
- *Ordne Bilder deiner Familie der Zeitleiste zu.*
- *Findet Fragen zur Zeitleiste wie: Wann schrieben die Kinder mit einem Federhalter?*

Einen Ortsplan lesen …

Mit einem →Ortsplan kannst du dich über einen Ort informieren, auch wenn du noch nie dort warst.
▸ Der Plan eines Ortes zeigt Straßen und Gebäude, Plätze und Grünanlagen des Ortes. Sie sind als Grundrisse dargestellt. In der Legende zum Plan werden sie erklärt.

Und wie bestimmt man die Himmelsrichtungen im Plan?

Oben im Plan ist immer Norden. Wo sind dann Westen, Osten und Süden?

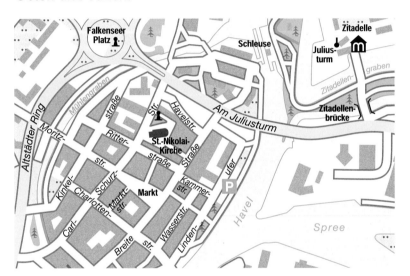

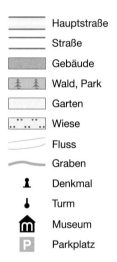

1 *Arbeite mit dem Ortsplan: Wähle ein Beispiel aus.*

■ Den Weg von der Schule zum Kino finden und beschreiben.

■ Selbst einen Ausgangspunkt und ein Ziel bestimmen. Den kürzesten Weg beschreiben.

■ Die nördlichste Straße benennen.

■ Im Plan Grünflächen und Gebäude unterscheiden. Ihre Lage beschreiben.

■ Einen Weg vom Markt zum Denkmal im Park finden und beschreiben.

➡ *Einen Ortsplan erschließen*

• *Betrachtet jedes Zeichen der Legende einzeln. Lest, was sie bedeuten.*

• *Sucht sie im Plan und beschreibt, was die Zeichen über den Ort aussagen.*

• *Beschreibt die Lage einzelner Objekte: Beachtet Himmelsrichtungen, besondere Bauten und Straßen.*

... und den Weg finden

Wie kommen wir zum Marktplatz?

Müssen wir zum Juliusturm nach Norden?

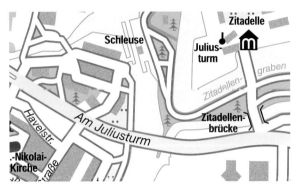

Wie bestimmst du die Himmelsrichtungen in der Landschaft?

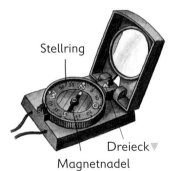

Stellring

Dreieck ▾

Magnetnadel

► → *Nebenhimmelsrichtungen*

NO → Nordosten
NW → Nordwesten
SO → Südosten
SW → Südwesten

→ **Den Kompass nutzen**

- Drehe den Stellring so, dass N auf das Dreieck ▾ am Gehäuse zeigt.
- Drehe nun den Kompass so lange, bis die markierte Spitze der Nadel auf N zeigt. Dort ist Norden.
- Finde auch S, O und W.
- Finde dann Südosten, Südwesten, Nordosten und Nordwesten.

2 Bestimme auf dem Schulhof mit dem Kompass, wo Nordwesten ist.

Türme besteigen und Tore durchschreiten

Schau einmal jedes Jahr vom selben Turm und du siehst, wie sich der Ort verändert hat.

Blick durchs Fernglas vom Fernsehturm auf die „Linden"

Vom → *Berliner Fernsehturm* hat man aus 200 m Höhe einen einzigartigen Blick über → *Berlin*. Bis zu einer Entfernung von 40 km kann man in alle Himmelsrichtungen schauen, bekannte Bauwerke entdecken, Kräne und Baustellen und vielleicht auch den Kiez, in dem man wohnt.

Blick nach Westen auf das Brandenburger Tor und den Pariser Platz

Lauf einmal jedes Jahr durch deinen Ort und du findest Spuren von früher und heute.

Das → *Brandenburger Tor* ist ein Wahrzeichen von Berlin. Es blieb als einziges von einst 19 Stadttoren erhalten. Dort endete die Stadt vor etwa 200 Jahren. In diesem Teil Berlins stehen alte und neue Gebäude dicht beieinander.
▶ Spuren von gestern und heute, auch Namen alter Tore, findest du an vielen Orten der Stadt – auch in deinem Kiez.

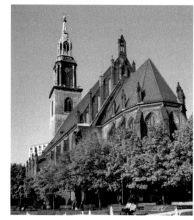

| Wasserturm | Fernsehturm (368 m) | Turm der Marienkirche |

Türme können verschiedene Funktionen haben.
Zu den ältesten Türmen gehören die Türme der Kirchen,
Burgen und Schlösser. Sie dienten als Aussichtstürme, um
Feinde oder auch Feuer rechtzeitig zu entdecken.
Sie dienten als Glockentürme und als weit sichtbare
Zeichen: hier steht ein wichtiges Haus.
Später entstanden Tortürme und Wehrtürme als Teile
der Stadtmauern.
Wassertürme wurden gebaut als riesige Wasserspeicher,
um die Menschen mit sauberem Wasser zu versorgen.
Als Rundfunk und Fernsehen entstanden waren, wurden
Funktürme und Fernsehtürme gebaut: Sie sendeten die
Signale für die Radio- und Fernsehprogramme.
Seitdem es Handys gibt, werden für diese beweglichen
Telefone Funknetze gebraucht. Kleine Sendetürme über-
tragen die Signale von einem Handy bis zum anderen.

1 *Schau dich im Kiez um: Türme können dir viel erzählen.*
2 *Besteigt einen Turm. Was seht ihr in den vier*
  Himmelsrichtungen?
3 *Vergleicht die Höhen eines Wasserturmes,*
  eines Kirchturmes und des Fernsehturmes.
  Sucht Gründe für ihre unterschiedlichen Höhen.

⇒ *Türme im Kiez erkunden*
- *Besprecht Treffpunkt,*
  Weg und Material (Foto-
  apparat, Zeichenblock …)
- *Erkundet die Funktionen*
  der Türme: Torturm, Kirch-
  turm, Aussichtsturm …
- *Informiert euch über das*
  Alter, die Baumaterialien
  und die Erbauer der Türme.
- *Dokumentiert eure Erkun-*
  dungen durch Fotos, Zeich-
  nungen, Quellen-Texte und
  Gesprächsprotokolle.

Kochen, waschen, heizen – früher und heute

Dieses Bild entstand 1925 an einer Berliner Straße.

Vor 150 Jahren holten viele Berliner ihr Wasser noch aus der Spree, aus Brunnen oder an Straßenpumpen. Damit wurde Grundwasser (→ S. 94) aus der Erde gepumpt und mit Eimern ins Haus getragen. Wasser brauchte man zum Trinken, Kochen, Waschen. Eine Toilettenspülung gab es nicht.

1 *Ein Eimer fasst 10 Liter Wasser. Wie viel Liter verbrauchst du täglich? Wie oft müsstest du zur Pumpe gehen?*

Im Sommer wurde auch draußen gewaschen und gebadet.

Das Wasser war sehr kalt. Zum Wäschewaschen wurde es in großen Töpfen auf dem Herd erhitzt. Um die Holz- oder Zinkwannen zu füllen, mussten die heißen Töpfe dorthin getragen werden. In der Küche war es feucht und dunstig, denn das heiße Wasser dampfte.

2 *Stelle dir vor, die Kinder sollten gebadet werden: Was war zu tun? Wie konnte Wasser gespart werden?*

In der Küche saß die Familie oft zusammen, nicht nur beim Essen. Die Küche war der wärmste Raum. Auf dem Herd wurde auch die Wäsche gekocht und Wasser erhitzt.

Diese Küche war der einzige Wohnraum der Familie (um 1920).

In der Kochmaschine brennt ein Holz- oder Kohlefeuer (um 1920).

Auch Gasherde erzeugen Wärme mit einem offenen Feuer.

Bis zur Erfindung des elektrischen Stroms (→ S. 104) wärmte die Menschen allein das Feuer: in einer offenen Feuerstelle oder in Öfen. Vor hundert Jahren waren es häufig Kanonenöfen. In manchen Wohnungen gab es eine Stube mit einem Kachelofen. In Schlafräumen stand oft gar kein Ofen. Im Winter wärmte manchmal ein heißer Ziegelstein das Bett.

… und die Sonne?

Kanonenöfen verdanken ihren Namen ihrer Form. Da sie aus Metall sind, speichern sie Wärme kaum länger, als das Feuer brennt.

Kachelöfen haben Schamottsteine in ihrem Innern. Dadurch können sie die Wärme über den ganzen Tag speichern (um 1915).

Um die Kohlen zu entzünden, braucht man leichter brennbare Materialien wie zum Beispiel Holz und Papier (um 1970).

Gut informiert über den Heimatbezirk

Um euren Heimatbezirk besser kennen zu lernen, gibt es viele Möglichkeiten. Ihr könnt zum Beispiel :
▸ Eine Karte des Bezirks lesen, hier: Berlin, Mitte.

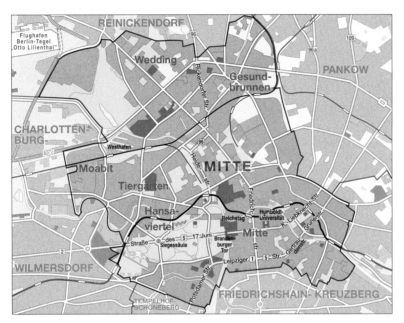

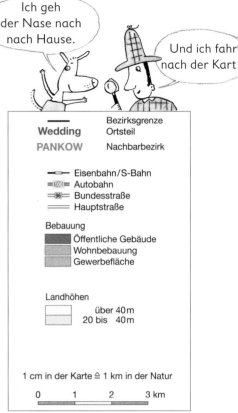

Eine ➔ *Karte* zeigt ein viel größeres Gebiet als ein Stadtplan. Auf der Karte sind Bezirke, Ortsteile, Straßen oder Flüsse noch kleiner und einfacher abgebildet.
Was die farbigen Flächen, Linien und andere Zeichen bedeuten, erklärt die Kartenlegende.

1 Seht in der Legende nach, was die Zeichen bedeuten. Sucht sie in der Karte auf.

2 Vergleicht die Karte eures Bezirks mit dem Stadtplan. Wie unterscheiden sie sich?

▸ Wie klein das Gebiet auf der Karte abgebildet ist, zeigt der ➔ *Maßstab* in der Legende.
1 cm auf der Karte sind in der Natur 1 km oder 1 000 m.

3 Sucht auf einer Karte von Berlin euren Heimatbezirk. Wie groß ist er von Norden nach Süden, von Westen nach Osten? Welche Bezirke grenzen an euren Bezirk?

➔ *Eine Karte lesen lernen*
• *Lest die Überschrift.*
• *Betrachtet das dargestellte Gebiet und die Legende.*
• *Lest nun in der Karte und findet heraus: die Lage der Ortsteile, den Verlauf von Straßen und Bahnlinien, welche Bebauungen es gibt, die Höhen der Landschaft, …*
• *Erklärt euch gegenseitig, wie ihr zu euren Aussagen gekommen seid.*

▶ Die →*Homepage* eines Bezirks im Internet aufsuchen:

Was ihr auf der Homepage des Bezirks erkunden könnt:
• die Größe des Bezirks,
• die Einwohnerzahl,
• Wappen,
• Sehenswürdigkeiten,
• Geschichtliches,
• Verkehrsmittel, Fahrpläne,
• Betriebe,
• Ziele für den Wandertag
• Freizeittipps.

4 *Welche Informationen zeigt sie noch? Seht nach.*

▶ Ansichtskarten und Prospekte sammeln, nach Themen ordnen und dazu nachforschen:

Interessante Gebäude oder Sehenswürdigkeiten vorstellen

Besondere Landschaften beschreiben: Gewässer, Parks, …

Interessante Pflanzen, Tiere und ihren Lebensraum erforschen

▶ Mit Wanderkarten Ausflüge planen:

▶ Zeitungen, Plakate und Programme lesen:

Wanderwege, Bushaltestellen, Gewässer, die Höhe der Landschaft, Inseln herausfinden

Euch über Veranstaltungen, Theatervorstellungen, Filme, Ausstellungen für Kinder informieren

Museen sind Schatzkammern

Viele Menschen sammeln gern: Steine, Spielzeug, Bilder,
Bücher, Briefmarken, alten Hausrat …
Manche Sammler haben besondere Stücke zusammen-
getragen, Bilder berühmter Maler, kostbare Vasen, alte
Waffen und Geräte, auch Skelette ausgestorbener Tiere.
Mancher Sammler stellte seine Schätze für Besucher aus.
So entstanden vor etwa 300 Jahren die ersten → *Museen*.

▶ In Museen werden wertvolle Gegenstände der Kunst,
der Geschichte und Völkerkunde, der Naturwissen-
schaften und Technik gesammelt und ausgestellt.

Im **Vorderasiatischen Museum**
in Berlin ist das Ischtartor zu sehen.
Sein Reste wurden bei Ausgrabungen in Persien, dem heutigen Irak,
freigelegt. Vor über 100 Jahren ent-
deckte man dort Ziegelbrocken
mit farbigen Glasuren. Sie waren
über 2000 Jahre alt.
Es dauerte viele Jahre, bis aus
den Funden das Ischtartor zusam-
mengesetzt werden konnte.
Seine Wände zeigen Abbildungen
von Stieren und Drachen.

Das **Labyrinth Kindermuseum**
findet ihr in einer großen Fabrik-
halle, in der früher Zündhölzer
hergestellt wurden. Es gibt viel zu
sehen und vor allem viel zu tun.
Wer will, kann sich wie eine
ägyptische Königin schminken,
mit den Farben berühmter Maler
malen oder mit Werkzeugen
etwas herstellen.
Ihr könnt euren Kopf anstrengen,
eure Muskeln spielen lassen,
balancieren oder auch die Ohren
spitzen.

Das **Naturkundemuseum Berlin** zeigt Gesteine, ausgestorbene Tiere, Versteinerungen von Tieren und Pflanzen. Dort steht auch das Skelett vom Brachiosaurus brancai. Es ist das größte Saurierskelett, das je in einem Museum aufgestellt wurde. Es ist 11,72 m hoch und 22,25 m lang.
Auch das Fossil des Urvogels Archaeopteryx, das größte bislang gefundene Stück Bernstein und sogar Meteorite vom Planeten Mars sind zu bewundern.

Im **Deutschen Technikmuseum** in Berlin kann man Fahrzeuge, alte Werkzeuge und Maschinen, Motoren und Dampfmaschinen bewundern und manche sogar erproben. Es ist ein Museum zum Anfassen.
Die Besucher können weben, drucken, Papier schöpfen oder sich als Nachrichtensprecher versuchen.
Diese alte Dampfmaschine lieferte die Energie, um andere Maschinen anzutreiben.

➡ *Mein eigenes Museum*

- *Sammle Gegenstände, die dich interessieren,*
  - *Gegenstände einer Art: Muscheln, Steine, kleine Autos, … oder*
  - *Gegenstände zu einem Thema: Urlaub, Musik, …*
- *Gestalte deine Ausstellung.*
- *Schreibe einen kleinen Führer durch dein Museum.*

Von alten Bräuchen – der Stralauer Fischzug

Überfahrt zum Stralauer
Fischzug um 1825

Seen und Flüsse in Berlin und Brandenburg sind reich an
Fischen. Jedes Jahr im August wird auf Stralau, einer Halb-
insel in der Spree, der → Stralauer Fischzug gefeiert.
Nicht immer war das ein Fest. Früher war es der erste
Fischzug nach der → Schonzeit für Laich und Fischbrut.
Im Jahr 1574 hatte der Kurfürst Johann Georg nämlich
ein Gesetz erlassen. Danach durfte von Gründonnerstag
bis auf Bartolomäi, dem 24. August, nicht gefischt werden.
Der erste Fischgang aber nach der Schonzeit war für die
Fischer ein harter Arbeitstag. Fünf Fischzüge waren ihnen
an diesem ersten Tag erlaubt. Doch der Fang von vier
Fischzügen gehörte dem Pfarrherren.

Wie wurde aus dem Fischzug ein Fest?

Später kamen die Berliner nach Stralau, um dem ersten
Fischzug zuzuschauen. Die Arbeit der einen wurde zum
Volksfest für die anderen. Kaffeeküchen lockten mit Ge-
tränken, Schaubuden mit Vergnügungen. Es gab Karussels
und Puppentheater.
Mit den Jahren wurde das Fest größer und ausgelassener.
„Trinkereien, Raufereien und schamloses Baden im Freien"
wurden Anlass, das Fest im Jahre 1873 sogar zu verbieten.

Um 1890 gehörten zum Fest
des Stralauer Fischzuges auch
Schaufahrten geschmückter
Boote zwischen Stralau und
Treptow.

Ein Maibaum

Wie war es vor hundert Jahren?
Am Vorabend zum ersten Mai wurde im Dorf
ein Maibaum aufgestellt: eine hohe Fichte. Ihre Rinde
wurde abgeschält. Denn unter der Rinde konnte sich
der Teufel in Gestalt eines Käfers verstecken – so
glaubte man.
Ganz oben aber blieb seine Krone stehen. Darunter
wurde ein bunter Kranz mit Bändern, aber auch
mit Würsten, Nüssen, Eiern und Schinken gehängt.
Über Nacht musste der Maibaum bewacht werden.
Jungen aus den Nachbardörfern hätten ihn sonst
umgeworfen und geplündert.

Am ersten Mai durften die Jungen nach oben klettern
und nehmen, was sie fassen konnten.
Der abgeschälte Stamm wurde mit Schmierseife
eingerieben, damit er noch glatter und das Hinaufklettern
noch schwieriger wurde.
Die meistens Jungen aber rieben Hände und Füße
mit Asche ein. So konnten sie gut nach oben gelangen.
Am schönsten wurde es am Abend. Dann brachten
die Mädchen dem Maibaum eine Kerze.
Im Lichterglanz begann der Tanz um den Maibaum.

Was ist ein Bändertanz?
Vom Kranz des Maibaumes hängen bunte Bänder
herab. Beim Tanz um den Maibaum werden sie
um den Stamm gewickelt. Mit solchen Tanzspielen
sollte der Frühling gegrüßt werden.

Ein altes Kreisspiel erinnert an das Kranzbinden:

Wir wollen den Kranz binden,
so binden wir den Kranz!
Unsere Inge, hübsch und fein,
soll im Kranz gebunden sein.

Landschaften und Höhen

▶ Eine → *Ebene* ist ein weites, flaches Gebiet.
Dort gibt es keine Berge und keine Hügel.
In manchen Ebenen aber sind flache Boden-
wellen zu finden.
Man kann weit ins Land schauen.

▶ Ein → *Hügel* erhebt sich nur wenig über
seine Umgebung.
Hügel sind meist nicht höher als 200 m.
Sie haben abgerundete Kuppeln,
manchmal langgezogene Rücken
und flache Hänge.
Oft liegen mehrere Hügel hintereinander
wie eine Kette.
Ebenen und Hügel nennt man → *Tiefland*.

▶ Ein → *Berg* überragt seine Umgebung.
Berge können über 1000 m hoch sein.
Manche Berghänge fallen steil ab.
In den Tälern zwischen den Bergen fließen
oft Bäche und Flüsse. Manchmal füllen
kleine Seen die Talböden.
Berge und Täler sind ein → *Gebirge*.

Wie zeigen flache Karten hohe Berge?

Das ist eine Landschaft mit Berg und Tal.
Wir sehen einen Fluss, der in den See fließt.
Wir sehen Bäume und Sträucher, kleine Häuser.

1 *Baut aus Styropor ein Modell von einem Berg. Ihr braucht noch dazu: eine Schablone aus Pappe, eine Schere, ein Messer, einen Bleistift, einen Pinsel und Farbe.*
Markiert die Höhenlinien.
Gebt jeder Höhenschicht die passende Farbe, so wie in der Abbildung unten zu sehen.

über 1000 m

über 750 m

über 500 m

über 200 m

So sieht die Landschaft aus, wenn sie vereinfacht dargestellt wird. →*Höhenlinien* sind eingezeichnet. Jede →*Höhenschicht* hat eine andere Farbe.

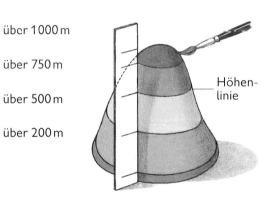

So sieht das Modell des Berges von der Seite aus. Jede Höhen-schicht hat eine andere Farbe.

Höhen-linie

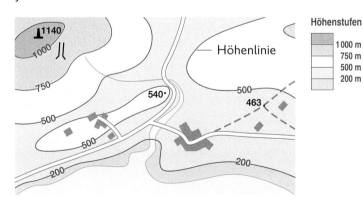

1140
1000
Höhenlinie
750
540·
500
500
463
500
200
200

Höhenstufen
1 000 m
750 m
500 m
200 m

So sieht die vereinfachte Landschaft aus, wenn sie von oben betrachtet wird. Die Höhenschichten sind jetzt als farbige Flächen zu sehen.

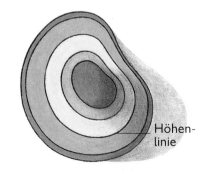

Höhen-linie

So sieht das Modell des Berges von oben aus. Jede Höhenschicht ist als farbige Fläche zu sehen.

Quellen erforschen

1

Seit langer Zeit stellen die Menschen vieles her, was sie zum Leben brauchen: Dinge für den Haushalt, Werkzeug, Maschinen, Häuser, Brücken, Fahrzeuge, Bücher … Geschichtsforscher erfahren durch diese Zeugnisse viel über das Leben früher, sie sind →*Quellen* für unser Wissen. Vieles ist erforscht und aufgeschrieben, manches gibt noch Rätsel auf. Forscher stellen sich viele Fragen:

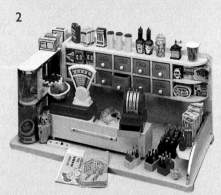

2

- *Was sagen uns Bilder oder Fotos? Wer oder was ist zu sehen? In welcher Zeit ist es entstanden?*
- *Aus welchem Material ist ein Gegenstand? Wie alt ist er? Wer hat ihn benutzt?*
- *Wann ist eine Karte oder ein anderes schriftliches Zeugnis entstanden? Was ist daraus zu erfahren?*

Die Forscher vermuten, untersuchen, forschen weiter nach, befragen auch Zeitzeugen und setzen Antworten wie ein Puzzle zusammen. Das kannst du auch versuchen.

1
3

► Quellen sind zum Beispiel gemalte **Bilder**, **Fotos** 1 und alte **Gegenstände** 2, 3. Manches wird heute noch bei Ausgrabungen gefunden. Auch aus alten **Karten** 5 und anderen **gezeichneten oder geschriebenen Zeugnissen** 4 ist viel zu erfahren.

1 *Sucht selbst Quellen und stellt eure Fragen dazu.*
2 *Forscht nach. Befragt auch Zeitzeugen über früher – eure Eltern oder Großeltern. Sucht auch hier im Buch Quellen.*

4

5

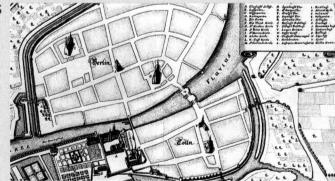

Die Wiese im Frühling

Warum heißt das Gänseblümchen Gänseblümchen?
Welche Pflanzen wachsen auf der Wiese?
Welche Tiere leben in der Wiese?

Wiesenpflanzen mit Tiernamen

▶ Seinen Namen hat der → *Löwenzahn* wegen seiner gezackten Blattform. Sie erinnert tatsächlich an die Zähne des Löwen. Diese Pflanzen wachsen fast überall, sogar zwischen Steinen. Sie lassen Wiesen im Frühling erst gelb und dann weiß leuchten. Während die weißen »Fall-schirme« umherschwirren, treiben die Pflanzen schon wieder neue gelbe Blüten.

▶ Der → *Wiesen-Storchschnabel* hat seinen Namen von seinen Früchten. Sie haben Ähnlich-keit mit der Form eines Stor-chenschnabels. Während der Blütezeit von Mai bis August sieht man die Pflanze blau-violett auf der Wiese leuchten. Wiesen-Storchschnabel und Löwenzahn werden auch als Heilpflanzen genutzt.

1 *Die Farbspiele einer Wiese könnt ihr in Fotos festhalten.*

• • März • • • • • • • • • • • • April • • • • • • • •

Die Zugvögel kehren zurück.

Der Igel erwacht.

Frühlingsanfang

21

März

Die Vögel beginnen mit dem Nestbau.

Sommerzeit: An einem Sonntag werden nachts die Uhren um eine Stunde vorgestellt.

Osterfest am Sonntag nach dem ersten Vollmond im Frühling

Obstbäume blühen.

Wiesenpflanzen betrachten und zeichnen

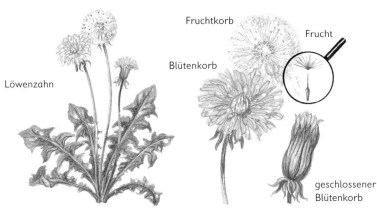

Löwenzahn

Fruchtkorb

Frucht

Blütenkorb

geschlossener Blütenkorb

Schon zeitig im Frühjahr blüht der erste Löwenzahn. In seinem großen Blütenkorb hat er viele kleine gelbe Zungenblüten.

Der Blütenkorb wird zur »Pustekugel«. Die Flugkörper der Samen sehen wie kleine Fallschirme aus. Ein Windhauch trägt sie fort.

⇨ Wiesenpflanzen zeichnen

- Sieh die Pflanze genau an. Wie ist sie gewachsen? Ist sie länglich oder buschig?
- Wie sehen ihre Teile aus: Der Stängel: verzweigt er sich? Die Blattform: länglich oder rund …? – Der Blattrand: glatt oder gezackt? Die Blüte: eine oder mehrere?

Wiesen-Storch-schnabel

Blüte

Schnabel

Ab Mai blüht die lichthungrige Pflanze. Verdunkelt sich der Himmel, schließen und neigen sich die Blüten. Nektar und Blütenstaub sind nun vor Regen geschützt.

In dem »Storchschnabel« entwickelt sich die Frucht. Werden die reifen Früchte nur leicht berührt, springen sie auf und schleudern ihre Samen heraus.

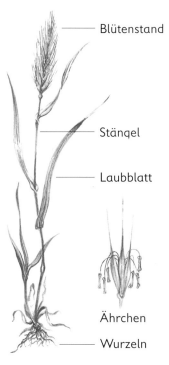

Blütenstand

Stängel

Laubblatt

Ährchen

Wurzeln

Mäuse-Gerste

• • • Mai • • • • • • • • • Juni • • • • • • •

Ausgiebige Vogelkonzerte

Die Anzahl der Insekten wächst rasch an.

Brut und Aufzucht der Jungvögel

Pfingstfest 50 Tage nach Ostern

Die Wohnungen in der Wiese

Ober-
geschoss:
Blüten
größerer
Pflanzen

Mittel-
geschoss:
kleine
Pflanzen

Erd-
geschoss:
niedrige
Pflanzen

Keller:
Wurzeln

Alles hängt miteinander zusammen: **1** Die Pflanzen entnehmen dem Boden Wasser und Nährstoffe. **2** Die Kreuzspinne fängt Insekten. **3** Das Tagpfauenauge ernährt sich vom Nektar
der Wiesenblumen. **4** Die Raupen des Tagpfauenauges fressen die Blätter der Brennnessel.
5 Der Regenwurm frisst abgestorbene Wurzeln. **6** Der Igel frisst Regenwürmer und …

Bewohner der Wiese

▶ Das →*Tagpfauenauge* ist in vielen Lebensräumen zu finden, auch in der Wiese. Dieser Tagfalter ist an den beiden Augenflecken auf seinen Flügeln gut zu erkennen. Schlägt er seine Flügel auf, kann das seine Feinde verwirren. Zwei »Augenpaare« schauen sie an. Die Unterseiten seiner Flügel sind schwarz. Mit zusammengefalteten Flügeln ist der Schmetterling vor dunklem Untergrund fast unsichtbar. Auch so kann er sich schützen.

Ein Tagpfauenauge verwandelt sich dreimal.

1 Das Weibchen legt die Eier auf Brennnesselblättern ab. Die werden die erste Nahrung der geschlüpften Raupen.

2 Nach einigen Tagen schlüpfen die Raupen. Sie fressen und wachsen. Wenn sie gewachsen sind, häuten sie sich.

3 Nach etwa zwei Wochen spinnt sich die schwarze Raupe in einen langen Faden ein. Jetzt ist sie eine Puppe.

4 Etwa zwei Wochen später schlüpft ein Schmetterling aus der Puppe. Nun saugt er Nektar aus den Blüten.

▶ Regenwürmer sind Bewohner des Wiesenkellers. Sie fressen sich durch den Boden. Die langen Gänge, die dabei entstehen, lockern den Boden auf und durchlüften ihn.

Der →*Regenwurm* ernährt sich von alten Blättern und abgestorbenen Wurzeln. Sein Kot enthält viele Nährstoffe für Pflanzen. Woher kommt sein Name? In früherer Zeit nannte man ihn „regen Wurm". Wie rege der Wurm ist, zeigt dir ein Versuch:

1 *Fülle ein Glas mit Schichten von dunkler und heller Erde. Lege obenauf Laub- oder Salatblätter. Gib einige Regenwürmer ins Glas. Die Erde muss immer feucht sein. Schreibe deine Beobachtungen auf.*

⇨ *Was macht der Regenwurm im Boden?*

Stoff

Bringe die Regenwürmer nach einer Woche wieder ins Freie.

Stelle das Glas in einen Karton. Dann sind die Regenwürmer im Dunkeln – wie im Boden. Mache einige Luftlöcher in den Karton.

Mit dem Bestimmungsbuch arbeiten – ein Herbarblatt anlegen

▸ Es gibt verschiedene Bestimmungsbücher. Wie du mit ihnen arbeiten kannst, ist in jedem Buch jeweils vorn beschrieben.

Du kannst unterschiedlich vorgehen:

- *Du findest auf der Wiese eine blühende Pflanze. Du vermutest, es ist ein Gänseblümchen. Du suchst im Wörterverzeichnis den Namen und siehst auf der angegebenen Seite nach. Stimmt deine Vermutung?*

- *Du findest auf der Wiese eine unbekannte blühende Pflanze. Schlage im Buch den Abschnitt Wiese auf. Schaue alle abgebildeten Pflanzen an, bis du deine gefunden hast. Sieh genau die Zeichnung an. Lies die Beschreibung. Merke dir den Namen.*

▸ Du kannst Pflanzen auch herbarisieren.

In diesem Bestimmungsbuch sind die Pflanzen nach ihrem Lebensraum geordnet:

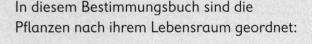

Wiese

Die Pflanze wird etwa 15 cm hoch. Sie wächst im zeitigen Frühjahr und dann ganzjährig. Ihre Blüten sind weißrosa, in der Mitte dottergelb. Sie sitzen auf blattlosen Stängeln.

Gänseblümchen

So kannst du vorgehen:

Sammeln

Auflegen und pressen

Aufkleben

Beschriften

Gänseblümchen

25.4.1968
Neustadt,
Grünanlage
am Bahnhof

Gänseblümchen

Dem Wasser auf der Spur

Wohin verschwindet das Wasser aus der Pfütze?
Wie kommt der Regen in die Wolken?
Warum schwimmen Eisberge?

Wasser überall

1 Erzähle zu dem Bild oder zu Bildausschnitten, was du vom Wasser weißt.
Verwende dabei „Wasserwörter" aus der Wortleiste.

2 Welche „Wasserwörter" passen noch zu dem Bild?

Welle	tragen	fließen	strömen	salzig	Tropfen	reinigen
abschleifen	nieseln	Eis	spritzen	auflösen	nass	trinken
Tränen	klar	Schlamm	Wasserfall	Flut	rauschen	Haut

Wasser verwandelt sich

Wasser-dampf ist nicht zu sehen!

➜ Wasser verwandelt sich

- Führt den Versuch durch. Orientiert euch dabei an den Bildern.
- Notiert zu jedem Vorgang eure Beobachtungen in Stichpunkten.

Stellt Eiskugeln oder Eiswürfel her.

Erhitzt das Becherglas.

Das Becherglas weiter erhitzen.

Haltet nun ein Glas oder eine Glasplatte darüber.

Im Versuch wechselt das ➜ Wasser mehrmals seine ➜ Zustandsformen (➜ S. 44, 94, 95):

A Unter 0 °C gefriert es zu Eiskristallen, es ist fest.

B Über 0 °C schmilzt es wieder, es wird flüssig.

C Bei 100 °C verdampft Wasser und schwebt als ➜ Wasserdampf in der Luft. Es ist gasförmig.

D Wenn der Wasserdampf abkühlt, wird er wieder flüssig: Er kondensiert.

➜ **Ein Versuchsprotokoll anfertigen**

- *Eine Überschrift finden.*
- *Die Frage und das vermutete Ergebnis notieren.*
- *Das Vorgehen notieren.*
- *Das Material notieren.*
- *Versuchsaufbau skizzieren.*
- *Beim Versuch Beobachtungen aufschreiben (Fachwörter nutzen).*
- *Ergebnisse auswerten*

1 *Ordne die Aussagen den Bildern des Versuchs zu.*

Der Kreislauf des Wassers

➡ *Niederschlag erzeugen*

- eine Pflanze längere Zeit unter Glas lassen
- beobachten

➡ *Eine Quelle fließen lassen*

- Plastikflasche mit der Schere zuschneiden
- mit Lehm, Kies, Sand und Gartenerde füllen
- in eine Schale stellen
- Wasser hineingießen
- beobachten

Öffnungen
Gartenerde
Sand
Kies
Lehm

➡ **Am Schaubild arbeiten**
- *Betrachte das ganze Bild.*
- *Lies die Erklärungen. Beginne bei einem roten Dreieck.*
- *Folge mit dem Finger den Pfeilen. Beschreibe den Kreislauf. Nutze dabei die Erklärungen.*

▶ In den Wolken fliegen winzige Tropfen oder Eisteilchen hin und her. Sie stoßen aneinander, verbinden sich und werden immer schwerer. Sie fallen als **Niederschlag** aus den Wolken.

Ist die Luft unter der Wolke warm und trocken, verdunsten die Tropfen gleich wieder.

Ist die Luft feucht, fällt Regen.

Ist die Luft sehr kalt, schneit es.

Der Wasserkreislauf ist die natürliche Bewegun...

Die Sonne ist der Moto...

Dort, wo das Wasser einen Weg nach außen findet, tritt es als Quelle wieder hervor.

▶ Teile des Niederschlags versickern langsam im Boden.

Trifft das Wasser auf wasserundurchlässige Bodenschichten, sammelt es sich darüber als **Grundwasser**.

Der Wind treibt die **Wolken**
über den Himmel.

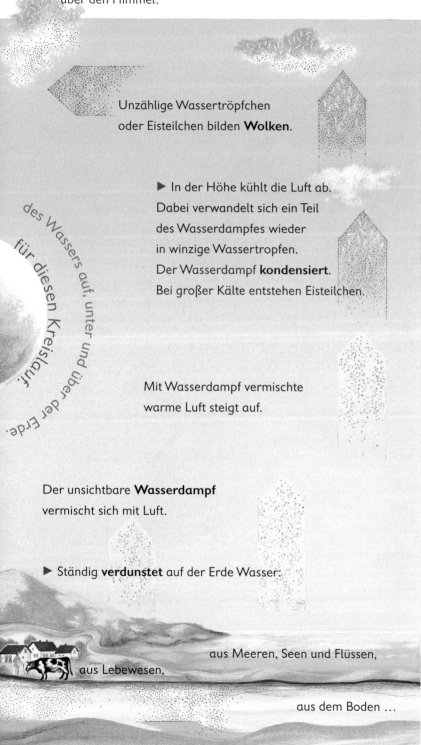

Unzählige Wassertröpfchen
oder Eisteilchen bilden **Wolken**.

▶ In der Höhe kühlt die Luft ab.
Dabei verwandelt sich ein Teil
des Wasserdampfes wieder
in winzige Wassertropfen.
Der Wasserdampf **kondensiert**.
Bei großer Kälte entstehen Eisteilchen.

des Wassers auf, unter und über der Erde.
für diesen Kreislauf

Mit Wasserdampf vermischte
warme Luft steigt auf.

Der unsichtbare **Wasserdampf**
vermischt sich mit Luft.

▶ Ständig **verdunstet** auf der Erde Wasser:

aus Lebewesen,

aus Meeren, Seen und Flüssen,

aus dem Boden …

➔ *Wolkendunst erzeugen*

- warmes Wasser
  in ein Glas füllen,
  etwa 3 cm hoch
- eine Metallschale mit
  Eiswürfeln darüber legen
- beobachten

➔ *Wasser verdunsten lassen*

Teller 1   Teller 2
in der Sonne   im Schatten

- je eine halbe Tasse
  Wasser in 2 Teller
  gießen
- nach 2 Tagen nachsehen

Wasser trägt – wir probieren aus…

➔ *Welche Gegenstände werden vom Wasser getragen?*

Eine Frage stellen und vermuten:
* Welche Gegenstände schwimmen und welche sinken?

Material zusammenstellen:
* ein großes Gefäß mit Wasser
* Gegenstände aus unterschiedlichen Materialien
* Zettel und Stift

Vorgehen festlegen:
* eine Tabelle anlegen
* jeden Gegenstand auf das Wasser legen
* Beobachtungen in die Tabelle eintragen

Gegenstand	Material	Form	Vermutung	Beobachtung
Münze	Metall	Scheibe	sinkt	schwimmt, sinkt dann
Baustein	Holz			

Die Ergebnisse zusammenfassen:
* Welche Gegenstände werden vom Wasser getragen?
* Aus welchem Material sind sie?
* Welche Form haben sie?

Erklärungen suchen:
  Wer mehr darüber wissen will, kann
* Experten fragen,
* im ➔ *Lexikon* nachschlagen,
* im ➔ *Internet* suchen.

➔ **Mit einer Tabelle arbeiten**
* *Lege die Tabelle an (Spalten mit Überschriften).*
* *Trage in die ersten drei Spalten alle Gegenstände, Materialien und Formen ein.*
* *Führe nun die Versuche durch.*
* *Trage deine Beobachtungen genau ein.*
* *Vergleicht die Beobachtungen.*
* *Sucht Gemeinsamkeiten und Unterschiede.*

… finden Fragen und suchen Antworten

Warum geht der Wasserläufer nicht unter?
Schauen wir auf das Foto: Es sieht aus, als hätte
das Wasser eine Haut, die den Wasserläufer trägt.

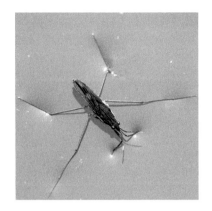

Kann auch eine Nadel schwimmen?
Das hängt ganz davon ab,
wie die Nadel auf das Wasser gelegt wird.
Wird sie so auf das Wasser gelegt,
dass die geheimnisvolle Haut des Wassers
nicht verletzt wird, schwimmt sie.

➡ *Welche Gegenstände schwimmen auf der Wasseroberfläche?*

Material:
* ein flaches Gefäß mit Wasser
* kleine Gegenstände aus
  unterschiedlichen Materialien
* eine Büroklammer, um die Gegenstände
  vorsichtig aufzulegen
* Zettel und Stift für Notizen

Warum schwimmt Eis?
Im ➔ *Internet* rufst du eine Suchmaschine auf.
Du gibst das Stichwort „Eis" oder deine Frage ein.
Du wirst Erklärungen und Bilder finden.
Daraus kannst du Informationen zusammenstellen.

Im ➔ *Lexikon* suchst du Erklärungen und Bilder
unter dem Stichwort „Eis". Manchmal findest du
genauere Hinweise dazu auch unter anderen
Stichwörtern, zum Beispiel „Eisberg".
Oft weist dieses Zeichen ➔ im Text auf weitere
Stichwörter hin. Unter „Eisberg" steht vielleicht:

➔ *Eis*   ➔ *Gletscher*   ➔ *Eisschelf*

1 *Wasser trägt. Suche dafür weitere Beispiele.*

Der größte Teil eines Eisberges
schwimmt unter Wasser.

Mit dem Kassettenrekorder arbeiten

➔ Geräusche aufnehmen:

- Rekorder, Kassetten und Mikrofon besorgen
- Wassergeräusche entdecken: Regen, Springbrunnen, Trinken ein Stein fällt ins Wasser, ...
- kleine Pause nach jedem Geräusch
- Probeaufnahmen machen

▶ **Achtung:** Mikrofone sind sehr empfindliche Geräte. Du musst sie vor Wasser, Wind, Hitze und Sand schützen.

Die Welt ist voller Klänge und Geräusche, lauten und leiseren, ganz kurzen und solchen, die lang anhalten. Fallen dir dazu Beispiele ein? Auch Wasser macht viele Geräusche. Dafür gibt es Wörter, wie *rauschen, plätschern, tröpfeln, schwappen, platschen* ... Kennst du noch mehr? Wenn du bekannte Geräusche hörst, kannst du dir meist auch die Situation vorstellen, in der sie entstehen: Erst *rauscht* es im Bad, nun *plätschert* es. Das Waschbecken läuft über.

1 *Mit Wassergeräuschen könnt ihr spielen:*

Geräusche vorspielen und die Geräuschquellen erraten

Zu Geräuschen Bilder machen, Bildern Geräusche zuordnen

Wasserklänge erzeugen, Wassermusik spielen

Wusstest du schon …

… dass eine Zitrone die Lampe zum Leuchten bringt?
… dass man mit Wind den Ofen heizen kann?
… dass dein Fahrraddynamo ein kleines Kraftwerk ist?

Energiequellen: Was eine Lampe leuchten lässt

→ *Eine Glühlampe mit einer Batterie zum Leuchten bringen*

• Frage: Wie muss eine Glühlampe mit der Batterie verbunden werden, damit sie leuchtet?

+ Pol — — Pol

Glühdraht
Glaskolben

Schraubsockel

Isolierplättchen
Kontaktplättchen

Material:
1 Flachbatterie 4,5 Volt
1 Glühlampe 3,8 Volt

Vorgehen: Die Bilder zeigen, wie ihr es ausprobieren könnt.

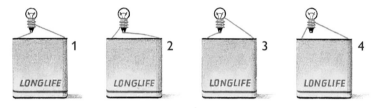

Ergebnis: Die Glühlampe leuchtet, wenn sie wie in Bild ? angeschlossen ist.
Erklärung: ► Eine Batterie ist eine →*Stromquelle*. Die Glühlampe leuchtet, wenn der →*Stromkreis* geschlossen ist.
► Der Stromkreis ist geschlossen, wenn der Strom von einem Pol der Batterie über Kontaktplättchen, Glühdraht und Schraubsockel zum anderen Pol fließt.

→ *Einen Stromkreis bauen – mit Batterie, Glühlampe, Kabeln und Schalter*

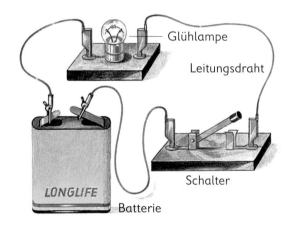

Glühlampe
Leitungsdraht
Schalter
Batterie

Der Stromkreis kann mit einfachen Zeichen dargestellt werden.

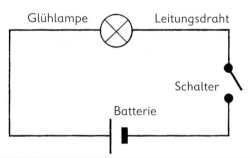

Glühlampe   Leitungsdraht
Schalter
Batterie

Mache nie Versuche mit Strom aus der Steckdose! Fasse nie mit nassen Händen elektrische

Das Kapitelbild zeigt ein Objekt von Joseph Beuys.
Beuys lebte von 1921 bis 1986.
Er baute dieses Objekt, als er sich 1985 auf der Mittel-
meerinsel Capri erholte und nannte es „Capri Battery“:
Eine große Glühlampe ist über eine Fassung mit einer
Zitrone verbunden.
Der Künstler wählte seine Materialien als Symbole:

- die Glühlampe vielleicht für Licht, Technik, Sonne von
  Capri, …
- die Zitrone vielleicht für Frucht, Vitamine, Lebenskraft,
  Sonne, Energie, Batterie, …

1 *Betrachte das Objekt und beschreibe seine Formen und
Farben. Erfinde eine Geschichte mit Zitrone und Glühlampe.*

➡ **Einen Versuch machen**
- *Was will ich wissen?
  (Fragen finden)*
- *Was vermute ich als
  Ergebnis?*
- *Wie mache ich es?
  (Vorgehen)*
- *Was brauche ich dafür?
  (Material, Versuchsskizze)*
- *Was beobachte ich?
  (Versuch durchführen,
  Ergebnisse festhalten)*
- *Was habe ich heraus-
  gefunden?
  (Vermutung prüfen)*
- *Was weiß ich jetzt?
  (Erklärungen suchen
  und Zusammenhänge
  verstehen)*

➡ *Funktioniert die Capri Battery?*

Versuch macht klug! Habt Geduld. Manchmal
funktioniert ein Versuch nicht beim ersten Mal.

Material: 1 Zitrone, 1 Glühlampe 1,5 Volt,
2 Metallplättchen (Zink und Kupfer)

Versuchsaufbau:

Geräte an! Lasse nie einen Drachen in der Nähe von Hochspannungsmasten steigen!

Energiequellen: Wasserkraft kann Maschinen antreiben

Bis vor etwa 300 Jahren hatten die Menschen drei
wichtige →*Energiequellen*, um Arbeit zu verrichten:
ihre eigene Muskelkraft und die der Tiere,
die Kraft des Windes und die Kraft des Wassers.
Um die →*Wasserkraft* zu nutzen, bauten sie
an Bächen und an Flüssen Wasserräder.
Die Wasserräder trieben Mühlsteine,
große Hämmer oder Sägen an.

So treibt das Wasser ein großes Mühlrad:
Das Wasser fließt über das Mühlrad.
Das Mühlrad beginnt sich zu drehen.
Aus der Fließbewegung des Wassers
wird die Drehbewegung des Mühlrades.

→ *Ein Wasserrad bauen und ausprobieren*

Baut das Wasserrad:

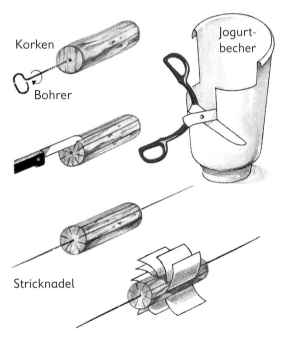

Korken

Bohrer

Jogurt-
becher

Stricknadel

Frage: Wie verändert sich die Drehbewegung des Rades, wenn der Wasserstrahl stärker oder schwächer wird
(tröpfelnd, fließend, stark fließend)?

Ergebnis: Tragt eure Beobachtungen
in eine Tabelle ein (→ S. 106).

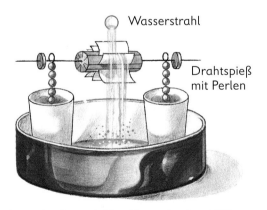

Wasserstrahl

Drahtspieß
mit Perlen

Jogurtbecher mit Plastilina oder Sand füllen

So funktioniert ein Mahlwerk
in einer alten Kornmühle:

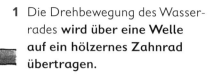

1 Die Drehbewegung des Wasser-
rades **wird über eine Welle
auf ein hölzernes Zahnrad
übertragen.**

3 Das Korn gelangt
von der **Korn-
schütte** in den
Mahlgang.

5 Zwischen den
Mahlsteinen wird
das Korn zu Mehl
gemahlen.

2 Dieses Zahnrad greift in ein kleineres,
um die **Bewegungsrichtung** zu ändern.

4 Das kleine Zahnrad treibt
den **oberen Mahlstein** an.
Der **untere Mahlstein** liegt fest.

6 Das Mehl wird in Säcke gefüllt.

Das Wasserrad trieb das Mahlwerk der **Kornmühle** an.
Aber nicht nur Korn wurde zu Mehl gemahlen.
Das Wasserrad konnte auch andere Maschinen antreiben.
In **Ölmühlen** wurde aus Leinsamen Öl gepresst.
In **Sägemühlen** wurde Holz gesägt.
Hammermühlen hatten ein Hammerwerk, mit dem Metall
bearbeitet werden konnte. In **Walkmühlen** wurde Stoff
bearbeitet. Der Stoff wurde mit Stampfern geschlagen
und dabei verfilzt und verdichtet: Er wurde gewalkt.

Vor über 800 Jahren stand an
der Spree eine Wassermühle.
Weitere kamen hinzu.
Dieses Bild aus dem Jahr 1888
zeigt viele Mühlen, zum Beispiel:
Kornmühlen, eine Walkmühle
und eine Sägemühle.

Energiequellen: Windkraft kann Maschinen antreiben

Der Wind treibt die Windmühlenflügel an. Die Drehbewegung der Mühlenflügel wird auf die Maschine im Innern der Mühle übertragen. Das kann ein Mahlwerk sein, eine Ölpresse oder auch ein Sägewerk. Für ein großes Hammerwerk reicht die Kraft der Windmühle nicht.

Windmühlen stehen an windreichen Orten: im flachen, weiten Land, in der Nähe des Meeres oder oben auf einem Berg.

An windstillen Tagen aber kann die Mühle nicht arbeiten. Sie ist abhängig vom Wind, der kommt und geht.

Anders die Wassermühlen. Ihr Antrieb war zuverlässiger. Aber Wassermühlen können nur an fließendem Wasser gebaut werden: zum Beispiel an Flüssen im Tal der Berge und an Flüssen, die gestaut werden können.

1 *Was haben Windmühlen und Wassermühlen gemeinsam und was unterscheidet sie?*

Seit über hundert Jahren gibt es Windmühlen, die elektrischen Strom erzeugen können.
▶ Ein Windrad ist eine Maschine, die
→ *Windenergie* in **elektrische Energie** umwandelt.

Ein großes Windrad kann etwa 800 Haushalte mit elektrischem Strom versorgen.
Der Vorteil der Windräder: Sie arbeiten sauber, ohne Abgase und ohne Abfall.
Ihr Nachteil: Sie machen Lärm, und für Vögel sind ihre schnell drehenden Flügel gefährlich.
Windräder stehen an Orten mit viel Wind – manche auch auf riesigen Plattformen im Meer.

Energiequellen: Was Strom alles kann

Heute werden **Getreidemühlen** mit Strom betrieben. Moderne Maschinen mahlen täglich viele Tonnen Korn zu Mehl.

Für die **Beleuchtung** der Bäckerei wird Strom gebraucht und auch für die **Spülmaschinen**, in denen die Backbleche gereinigt werden.

Die **Waage** braucht Strom, um die Zutaten für den Teig abzuwiegen. Auch die **Knetmaschine**, die den Teig knetet, wird elektrisch betrieben.

Dieser **Backofen** wird elektrisch beheizt. Elektronisch wird seine **Temperatur geregelt** und ein **Zeitschalter regelt** die Backzeit.

Ein Fahrraddynamo ist auch ein kleines Kraftwerk.

Aber nur, wenn du trittst.

Strom wird nicht nur mit Windrädern erzeugt, sondern vor allem in Wasserkraftwerken, Wärmekraftwerken, Kernkraftwerken, Gezeitenkraftwerken oder mithilfe von Solarzellen.

Computer-Führerschein: Tabellen anlegen

→ *Protokolle* für Experimente kannst du am Computer im **Programm Word** vorbereiten. Was in ein Protokoll gehört, findest du auf Seite 93.
Beim Experimentieren trage zunächst alle Angaben und Beobachtungen mit der Hand ein. Später kannst du die Ergebnisse am Computer in das Dokument übertragen. Um die Beobachtungen in Experimenten zu notieren, brauchst du oft Tabellen.

Überschrift
Frage
Vermutung
Vorgehen
Material
Skizze
Durchführen
Ergebnis

Wie legt man eine Tabelle an?
Für das Experiment mit dem Wasserrad (→ S. 102) brauchst du zum Beispiel eine Tabelle mit 2 Spalten und 4 Zeilen.

Wasserstrahl	Drehbewegung des Rades
tröpfelnd	
fließend	
stark fließend	

Du öffnest **Word** und ein neues Dokument. Klicke nun mit dem Mauspfeil in die Menüleiste auf das Wort **Tabelle**:

Eine Liste öffnet sich. Aus der Liste wählst du mit der Maus: **Tabelle einfügen**.
Dann öffnet sich dieses Fenster.
Trage dort die Anzahl von **Spalten** und **Zeilen** ein.
Mit einem Mausklick auf **OK** schließt du das Fenster.
Deine Tabelle erscheint im Dokument.

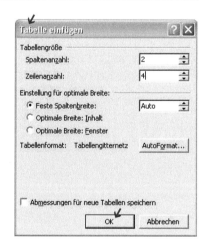

Und wie kannst du in der Tabelle schreiben?
Klicke mit dem Curser in das Feld, in das du schreiben willst. Möchtest du in einem anderen Feld schreiben, machst du es ebenso. Du kannst aber auch mit dem **Tabulator** von Feld zu Feld springen.

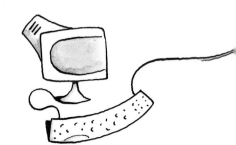

Kleines Internet-Lexikon

Internet

Das Internet ist ein **Computer-Netzwerk**, das dem Telefonnetz ähnlich ist. Wer über einen Computer einen Anschluss an das Netz hat, kann jeden erreichen, der ebenfalls einen Anschluss hat. Über diese Verbindung können zwischen den Computern Daten ausgetauscht werden: Bilder, Videos, Texte, Spiele oder ganze Programme.

Browser

Das englische Wort *to browse* heißt soviel wie schmökern, blättern, sich etwas ansehen.
Ein Browser ist ein **Computer-Programm**, mit dem man in den Seiten des World Wide Web blättern und lesen kann. Die Browser, die am häufigsten verwendet werden, sind der Internet-Explorer oder der Netscape Navigator.

Internet-Adresse

Jeder Computer, der ans Internet angeschlossen ist, kann eine → *Homepage* bekommen mit einer Adresse, zum Beispiel: **www.blinde-kuh.de**.
Gibt man eine Internet-Adresse ein, dann baut ein Server die Verbindung zu dieser Adresse auf. Man kann dann alle Seiten lesen, die unter der Adresse abgespeichert wurden.

Link

Link ist englisch und heißt **Verbindung**. Links verbinden unterschiedliche Internet-Seiten miteinander. Einzelne Worte, auch Bilder, können einen Link enthalten. Verlinkte Worte sind im Text meist <u>blau unterstrichen</u>.
Klickt man einen Link an, öffnet sich die Seite, die mit dem Link verbunden ist.

Suchmaschine

Eine Suchmaschine ist ein **Computer-Programm**. Damit kann man im Internet Seiten zu einem Thema suchen. In eine Eingabezeile tippt man Stichworte zum gesuchten Thema ein. Die Maschine sucht dann passende Seiten (→ S. 108) und zeigt sie als Links mit Internet-Adressen an. Beim Anklicken eines Links erscheint sofort die Seite mit Informationen zum Suchbegriff.

Im Internet surfen

▶ Im **Internet** sind Millionen Computer auf der ganzen Welt über Datenleitungen miteinander vernetzt.

Internet – was du tun kannst

- web-Seiten besuchen – eine web-Seite aufbauen

- Informationen mit einer Suchmaschine suchen

- Daten verschicken und herunterladen

- Musik aus aller Welt hören, kleine Filme sehen

- Mails senden – Mails empfangen

- chatten – Gespräche mit geschriebenen Wörten

➡ *Informationen mit einer Suchmaschine suchen*
- *Öffne das Programm.*
- *Gib den Namen einer Such-maschine in die Eingabe-zeile ein und klicke OK an.*
- *Erscheint die Eingabezeile der Suchmaschine, gib den Suchbegriff ein.*
- *Klicke „Suchen" an.*
- *Auf der geöffneten Seite findest du Links zum Weiterblättern.*

▶ Das sind gute Adressen von Suchmaschinen für Kinder:

www.blinde-kuh.de
Eine Suchseite öffnet sich. Schreibe einen Begriff in die Eingabezeile und informiere dich.

www.wdrmaus.de
Hier findest du Filme, Bastel-ideen und tolle Tipps. – Und die drei Freunde kennst du ja.

www.tivi.de/loewenzahn/
Unter dieser Adresse findest du Peter Lustig. Er erzählt interessante Geschichten und entdeckt immer Neues.

Achtung! Für Surfer im Internet gelten Regeln. Du solltest einen Internet-Führerschein erwerben und ihn bestätigen lassen. Deine Lehrerinnen, Lehrer und deine Eltern helfen dir dabei. Suche im Internet:

Internet-Führerschein

Von Pflanzen, Tieren und Menschen

Wovon ernährt sich ein Kälbchen?
Warum sind Kartoffeln gesund?
Wozu brauchen Menschen, Tiere und Pflanzen das Wasser?

Was wir über die Kartoffel wissen sollten

Weißt du, wofür Kartoffeln genutzt werden?

als Speisekartoffel

als Futterkartoffel

um Stärke herzustellen für

Lebensmittel

Papier

Leim

Kennst du die Teile der Kartoffelpflanze?

Kartoffelpflanze mit Knollen

Blüte

Stängel

Blatt

Knolle

Wurzel

Die Teile einer Kartoffelpflanze

Aus der Kartoffelblüte entwickelt sich die Frucht, eine Beere. In der Beere sind zahlreiche Samen. Die Beere ist giftig.

▶ Die ➜*Kartoffel* ist eine einjährige Pflanze. Von ihren Blättern ernähren sich die gefräßigen Larven der Kartoffelkäfer. Sie schädigen die Pflanze und vermindern so die Ernte. Kartoffeln bilden je nach Sorte weiße, rötliche oder bläuliche Blüten und Beerenfrüchte. Genutzt aber werden nur die Knollen, die unter der Erde wachsen. Die Kartoffeln gehören bei uns zu den wichtigsten Nahrungsmitteln. Sie enthalten viele Vitamine, Mineralstoffe und vor allem Stärke (➜S. 58, 59).

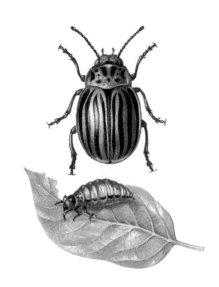

1 *Welche Fertigprodukte von Kartoffeln kennst du? Erkunde, wie ein Produkt hergestellt wird.*

Wenn's klappt, wird's violett.

Und vom Rest gibt's Kartoffel-puffer.

➔ *Stärke nachweisen mit Iod-Kaliumiodidlösung*

• Führt den Versuch durch. Orientiert euch dabei an den Bildern.
• Notiert Stichpunkte zu allen Vorgängen und euren Beobachtungen.

Schält und reibt die Kartoffeln.

Gebt etwas Wasser in eine Glasschale.

Schlagt die Kartoffel-masse in ein Tuch ein.

Knetet die Masse in dem Tuch für 3 Min. in der Glasschale.

Lasst das Wasser in der Glasschüssel 30 Min. ruhig stehen.

Gießt nun das Wasser über dem Bodensatz vorsichtig ab.

Trocknet den Boden-satz auf saugfähigem Papier.

Die Lösung färbt Stärke violett bis tiefblau.

Kartoffeln gab es schon vor mehreren tausend Jahren. Sie wuchsen in Südamerika auf dem kargem Boden der Hochgebirge. Die Kartoffelknollen waren sehr klein. Trotzdem nutzten die Menschen sie als Nahrungsmittel (➔ S. 58). Vor etwa 500 Jahren brachten spanische See-fahrer die Kartoffeln aus ➔ *Südamerika* nach Europa. Mit dieser unbekannten Pflanze wusste man zunächst nichts anzufangen. Man pflanzte sie wegen ihrer Blüten in botanischen Gärten an, probierte sogar die giftigen Früchte. Erst etwa 200 Jahre später wurde die Pflanze als Nutzpflanze immer häufiger angebaut. Durch Zucht wurden die Knollen immer größer.

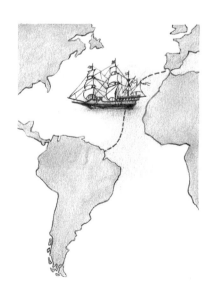

Alles hängt zusammen – aber wie?

Wiesenpflanzen 1 und Kartoffelpflanzen 2 brauchen zum Leben Sonne, Wasser, Luft und Boden. Die Kühe 3 fressen Wiesenpflanzen und saufen Wasser. Die Milch der Kühe wird in der Molkerei 4 verarbeitet.

Kartoffeln 5 werden als Kulturpflanzen angebaut und im Herbst geerntet und eingelagert. Ein Teil wird in Fabriken 6 weiter verarbeitet. Die Schweine 7 fressen auch Kartoffeln. Das Fleisch von Schweinen und

Kühen wird in Fleischfabriken **8** zu Lebens-
mitteln verarbeitet. In Märkten **9** werden
Lebensmittel verkauft. Die Menschen essen
Lebensmittel **10**, die von Pflanzen und Tieren
kommen. Sie trinken auch Wasser.

1 *Betrachtet das Bild.*
Findet weitere Zusammenhänge
und sprecht darüber.
2 *Schreibt Zusammenhänge auf und*
begründet eure Aussagen.

Mit Notizzettel und Bleistift arbeiten

Platz!

▶ Wenn du einen Vortrag hörst und den Inhalt behalten möchtest, ist es hilfreich, deinen Notizzettel in drei Teile zu gliedern: einen Teil für deine **Mitschrift**, einen Teil für **Stichwörter** und einen Teil für **Zusatzinformationen**. In dem großen Feld schreibst du während des Vortrags mit. Seitlich notierst du dir später die wichtigsten Stichwörter aus deiner Mitschrift – wie eine Gliederung. Alle zusätzlichen Informationen, die du dir aus →*Büchern* oder dem →*Internet* holst, schreibst du in das untere Feld. Wenn du mit Bleistift schreibst, kannst du radieren und leichter korrigieren.

Mitschrift	Stichwörter
Der Hund – ein treuer Freund	
– Vorfahre ist der <u>Wolf</u>	Wolf
– Hund wurde Jagdgefährte, Beschützer, Helfer, Begleiter	
– Hunde müssen artgerecht gehalten werden	
– sind <u>Rudeltiere</u> – Jedes Tier hat seinen Platz.	Rudeltier
– Hund muss lernen, auf <u>Kommandos</u> zu reagieren –	Kommandos
„Sitz!", „Platz", „Aus".	
– braucht <u>Auslauf</u> oder lange Spaziergänge	Auslauf
– mehrmals am Tag kleine Portionen <u>füttern</u>	Fressen
– eigenen festen Schlafplatz	Schlafen

Zusatzinformationen

Körpersprache der Hunde beobachten: aufmerksam, unterwürfig, freut sich, entspannt, freundlich und interessiert, döst, aggressiv, ergeben, ängstlich. Wie versteht der Hund unsere Körpersprache?

Im Sommer

Wie wird aus Getreidekörnern Brot?
Warum wächst Mohn im Getreidefeld?
Was wollen wir in den Ferien unternehmen?

Im Sommer reift das Korn

1 *Ihr könnt Weizenkörner aussäen und beobachten, wie sie sich entwickeln. So wächst Getreide (➔ S. 42, 118).*

    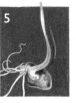 

1 Das Korn nimmt Wasser auf und quillt. **2** Die Keimwurzel bricht hervor.
3 Der Spross erscheint. **4** Nebenwurzeln bilden sich. **5** Das Laubblatt bricht hervor.
6 Das Laubblatt erscheint.

Schon vor sehr langer Zeit suchten Menschen auf ihren Wanderungen Wildgetreide – Gerste, ➔*Einkorn* oder ➔*Emmer* (Zweikorn), um aus deren Körnern Mehl zu mahlen. Weil die reifen Körner aus den ➔*Fruchtständen* herausfielen, mussten sie möglichst kurz vor der Reife vom Halm abgestreift werden. Kamen die Menschen zu spät, konnten sie die Körner nur noch mühsam vom Boden aufsammeln. Bald begannen sie aber Körner zu säen, also ➔*Getreide* anzubauen. Durch Züchtung erreichten sie, dass die Körner in den Fruchtständen blieben und sie die Halme mit der Sichel ernten konnten. ➔*Kulturpflanzen* waren entstanden.

Frucht-
stand

Halm

Laub-
blatt

Büschel-
wurzel

Einkorn   Weizenpflanze

Weizen	Gerste	Roggen	Hafer	Mais
Ähre	Ähre	Ähre	Rispe	Kolben

▶ Fruchtstände der Getreidearten

➔ **Getreide vergleichen**
- *Betrachte Getreidearten in der Natur.*
- *Finde Merkmale,*
  – die alle Arten haben,
  – die Arten unterscheiden.
- *Notiere Gemeinsamkeiten und Unterschiede.*
- *Vergleiche Getreidearten und Gräser. (➔ S. 87)*

Die Menschen lernten aus Getreidekörnern viele →*Getreideprodukte* herzustellen.
Seit etwa 4000 Jahren wird aus Korn Brot gebacken. Was sich dabei verändert hat,
kannst du mithilfe der Übersicht beschreiben(→S. 105). Beachte den Wegweiser.

Vor vielen
tausend
Jahren

Vor vielen
hundert
Jahren

Heute

Alles aus Getreide:

⮕ Eine Übersicht auswerten

- *Stelle fest, worüber diese Übersicht informiert.*
- *Betrachte einen Zeitraum. Beschreibe die Vorgänge bei der Brotherstellung.*
- *Finde Unterschiede bei einzelnen Vorgängen (Mehl mahlen) in allen Zeiten.*
- *Lege selbst Übersichten an: Getreidearten, -produkte.*

So viel Leben im Getreidefeld

→ *Roggen* braucht wie alle Getreide ein Jahr, um zu wachsen, zu blühen und Samen (Körner) zu tragen. Er ist eine →*einjährige Pflanze*. Winterroggen wird im Herbst gesät, Sommerroggen im Frühjahr. Roggen blüht von Mai bis Juni und bildet dann Ähren. Er wird bis zu 150 Zentimeter hoch. Aus Roggen werden Brot und Tierfutter hergestellt.

→ *Kornblume*

→ *Klatschmohn* blüht von Mai bis Juli. Feuerrot leuchten seine Blüten in Getreidefeldern. Noch vor der Ernte bildet die →*einjährige Pflanze* Blüten, Früchte und Samen aus. Aus der Frucht, einer Kapsel, schleudert der Wind Hunderte Samenkörner heraus. Aus den Samen wachsen später neue Pflanzen. Wenn viel Mohn im Feld steht, kann dort weniger Getreide wachsen. Deshalb wird Mohn als Unkraut bekämpft.

1 *Informiere dich über die Kornblume. Schreibe einen Steckbrief.*

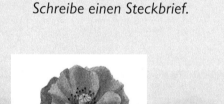

▸ **Pflanzen-Steckbrief**   **Name** → *Acker-Kratzdistel*

Lebensraum Feld
Höhe bis 150 cm
Blüten rötlich-lila, Juli bis September
Samen mit Fallschirm aus bräunlichen Haaren, werden durch Wind verbreitet
Wurzel tiefe Pfahlwurzeln, weit verzweigte Wurzelausläufer, die wieder neue, grüne Triebe ausbilden
(→ *mehrjährige Pflanze*)

➜ *Getreidehalm-Wespen* entwickeln sich in den Halmen. Das Weibchen legt oben im Halm ein Ei ab. Daraus schlüpft eine Larve, die sich bis zur Getreidereife durch den Halm nach unten frisst. Dort nagt sie den Halm ab, verschließt den Rest innen mit den Nagespänen und verspinnt sich darin. Im Frühjahr verpuppt sich die Larve. Wenig später schlüpft die Wespe.

Der ➜ *Bussard* hat sein Nest in Baumkronen nahe am Waldrand. Nahrung für sich und seine Jungen, vor allem Feldmäuse, sucht er auf Wiesen und Feldern. Fängt er viele Mäuse, gibt es weniger Kornverluste.

Die ➜ *Erdkröte* ist eine geschützte Art. Am Tag sucht sie in Feldern und Hecken Schutz. Nachts jagt sie Insekten, Würmer und Schnecken. Den Winter verbringt sie in einem Erdloch. Im Frühjahr wandern die Weibchen zu den Laichgewässern und legen Eischnüre ab. Bussard, Fuchs und Igel jagen die Kröte.

2 *Informiert euch über Tiere und Pflanzen.*
3 *Diskutiert, warum sie im Getreidefeld gut leben können. Beachtet Nahrungsketten, Bauten, Fortpflanzung, …*

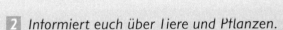

▶ **Tier-Steckbrief**   **Name** ➜ *Feldmaus*

Lebensorte Felder, Wiesen
Lebensweise Meist leben mehrere Weibchen mit ihren Jungen in einem Bau. Sie graben im Boden weit verzweigte Gänge mit mehreren Öffnungen und gehen etwa alle drei Stunden auf Nahrungssuche. Ihr bräunliches Fell tarnt sie.
Fortpflanzung In einem Nest aus Gras und Stroh unter der Erde bringt ein Weibchen bis zu 10-mal jährlich 4 bis 8 Junge zur Welt. Nach nur 13 Tagen können sich auch die jungen Weibchen fortpflanzen. So entstehen Mäuseplagen.
Nahrung Getreidekörner, Pflanzenteile, Gräser
Feinde Bussard, Eulen, Fuchs

Gut vorbereitet in den Sommer

*Ihr wollt einen Ausflug
unternehmen.
Was müsst ihr tun, damit
ihr euch nicht im Wald
verlauft, nicht den letzten
Bus verpasst oder ohne
Schirm im Regen steht?*

▶ **Was ziehe ich an? Was nehme ich mit?**

▶ **Wie wird das Wetter?**

⇒ *Eine Checkliste schreiben*

* *Kleidung nach dem
  Wetterbericht auswählen.*
* *Was ist mitzunehmen?*
* *Treffpunkte, Abfahrts- und
  Ankunftszeiten für Bus
  oder Bahn notieren.*
* *Auf der Karte über den
  Wanderweg informieren
  (Länge, Schwierigkeiten ...)*

Wetterbericht
Am Vormittag ist es überwiegend heiter. Die Temperaturen steigen von 17°C bis zum Mittag auf 25°C. Der Wind weht schwach aus westlichen Richtungen. Nachmittags bilden sich Quellwolken und örtlich kommt es zu Schauern und Gewittern mit ergiebigen Niederschlägen. In Gewitternähe frischt der Wind stark auf.

Oder
diesen?

Möchten Sie
diesen Platz?

▶ **Mit dem Bus fahren – aber wie?**
* Wo ist die Haltestelle?
* Passen wir alle in einen Bus?
* Sollten wir uns anmelden?
* Worauf muss der Busfahrer achten?
* Was dürfen wir im Bus tun – was nicht?

1 *Welche anderen Verkehrsmittel kennst du?*
2 *Mit welchen Verkehrsmitteln bist du schon gereist?
Erzähle davon.*

▶ Regeln für Bahnsteig und Zug

A   Wir halten mindestens einen Meter Abstand
    von der Bahnsteigkante.
B   Erst einsteigen, dann aussteigen.
C   Musik laut stellen, damit alle mithören können.
D   Wir verhalten uns ruhig und nehmen Rücksicht.
E   Nicht schubsen, nicht drängeln, nicht schreien.
F   Müll schieben wir unter die Sitze.

3 *Was ist richtig, was ist
   falsch? Begründe deine
   Entscheidung.*
4 *Sprecht über das Bild.*

▶ Wie wandern wir nach der Karte?

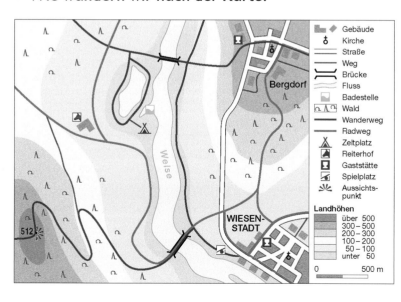

	Gebäude
	Kirche
	Straße
	Weg
	Brücke
	Fluss
	Badestelle
	Wald
	Wanderweg
	Radweg
	Zeltplatz
	Reiterhof
	Gaststätte
	Spielplatz
	Aussichts-punkt

Landhöhen

	über 500
	300 – 500
	200 – 300
	100 – 200
	50 – 100
	unter 50

0   500 m

⇒ *Eine Wanderung mit
   der Karte planen*
• *Legt Start und Ziel fest
  (Wiesenstadt, Bergdorf).*
• *Wählt einen möglichen
  Weg aus. Orientiert euch
  dabei an der Legende.*
• *Ermittelt die Weglängen
  mit einem Messstreifen.*
• *Legt für die Wanderung
  Etappen fest. Plant
  für jeden Kilometer etwa
  20 Minuten ein.*

Ferienzeit ist freie Zeit, ist Zeit …

… zum Wandern

… zum Baden

Im und am Wasser kannst du dich ständig bewegen. Schwimmen, tauchen, laufen, spielen – alles kräftigt dein Herz, die Lungen, Muskeln, Sehnen und Knochen. Du bist fit. Sonnenschein, warme Luft und kühles Wasser härten dich ab. Deine Ausdauer wächst.

1 *Lest die Baderegeln. Sprecht über Gründe für die Regeln.*

▶ Baderegeln:
- Springe nie in unbekannte Gewässer! Bade nur unter der Aufsicht Erwachsener!
- Gehe nicht erhitzt oder mit vollem Magen baden!
- Gehe aus dem Wasser, bevor du frierst!
- Ziehe danach trockene Sachen an! Bewege dich!
- Vermeide Sonnenbrand!

… zum Radfahren

2 *Was bedeuten diese Verkehrszeichen? Vergleiche auf S. 128.*

 1

 2

 3

Juni • • • • • • • • • • • • • • • • • • Juli • • • • • • • • • • • • •

Erdbeeren und Kirschen reifen. Gräser blühen.

Schmetterlinge überall.

21
Juni

Die Sommerferien beginnen.

Getreide wird geerntet.

Himbeeren und Heidelbeeren reifen.

... für Lesenächte, Theater und Veranstaltungen

FERIENKALENDER	
13.7.	Lesenacht in der Bibliothek
16.7.	Sommerlager der Jugend-Feuerwehr
20.7.	Ritterspiele auf Burg Wasserstein
23.7.	Indianerfest mit Wigwambauen
26.7.	Neptunfest im Freibad

... zum Lesen

Wisst ihr schon, warum die Erde rund ist, wann Wasser bergauf fließt und warum Berge Feuer spucken? Wenn nicht, dann müsst ihr dieses Buch lesen.

... um Murmelbahnen zu bauen

Ein Sandberg, drumherum eine Rille für die Murmel, schön fest klopfen, damit die Murmel gut rollt.

Wenn die Murmel beim Abrollen gut in Fahrt kommt, springt sie auch über den Graben.

➡ Ferientipps geben
- Beachte dabei:
  – was du selbst gut kennst.
  – was du im Ort entdeckst.
  – was du in Medien findest.
  – was du von Erwachsenen erfahren kannst.

4   5   6

August

Die Augustäpfel reifen.

Störche, Schwalben, Lerchen, Kuckucke, Nachtigallen, Kraniche ... fliegen nach Südeuropa oder Afrika.

September

Zeit, um Pilze zu suchen.

Mit dem Fahrrad sicher unterwegs

▸ **Fahrrad-Check**

Gangschaltung — Klingel — Lenker — Sattel — Rückstrahler — Rücklicht — Dynamo — Scheinwerfer — Felgenbremse — Reifen — Rollenkette — Rücktrittbremse

⇥ *Kurzcheck vor jeder Fahrt*

* *Ziehe den Bremshebel durch – die Bremswirkung muss schon nach leichtem Anziehen einsetzen.*
* *Prüfe den Schnellspanner der Laufräder auf festen Sitz.*
* *Kontrolliere Reifendruck, Beleuchtung und Klingel.*
* *Bringe an den Speichen Reflektoren an.*

▸ **Verkehrszeichen**

Fahre auf Wegen mit diesen Zeichen.

Radfahrer müssen diesen Weg benutzen.

Radfahrer und Fußgänger müssen ihren Teil des Weges benutzen.

Radfahrer müssen Rücksicht auf Fußgänger nehmen.

▸ **Ersatzteile und Zubehör**

Mitnehmen – Ja oder nein?

Piktogramme schnell erkennen und handeln

Auf Straßen und Plätzen, in Verkehrsmitteln, auf Rastplätzen und in der Schule kannst du oft solche kleinen Bildchen sehen. Man nennt sie → *Piktogramme*.

▶ Piktogramme geben dir wichtige Informationen. Überall, auch im Ausland, kannst du sie ohne Worte verstehen:

Ein Weg wird gezeigt	Es wird zu Ordnung und Sicherheit aufgerufen	Hier drohen Gefahren	Hier wird um Rücksicht gebeten
Ausgang	Abfall	Absturzgefahr	Rollstuhl
Telefon	offenes Feuer verboten	Stromschlag	Bitte Ruhe
Information	Rauchen verboten	Baden verboten	Bitte nicht füttern
Campingplatz	Hunde draußen lassen	Explosionsgefahr	Vorsicht Glas
Badestelle	Hunde an die Leine	Steinschlag	

1 Sucht Piktogramme in der Schule und auf dem Gelände. Erklärt sie.
2 Erfindet Piktogramme, zum Beispiel für den Klassenraum oder den Schulhof.

Sachwörterverzeichnis

Sachwörter in Wegweisern und auf Medienseiten

➡ Mit dem Sachwörterverzeichnis arbeiten

- *Die Sachwörter sind nach dem Alphabet geordnet, dabei stehen eine oder mehrere Seitenzahlen.*
- *Du wählst ein Wort aus und schlägst die angegebenen Seiten im Buch auf.*
- *Auf den Seiten findest du*
  – Informationen zum Begriff oder
  – eine Anleitung, wie du eine bestimmte Tätigkeit ausführen kannst.

Textquellen

10 Gerhard Schöne: Kalle, Heiner, Peter. Aus: MC Lieder aus dem Kinderland. Ravensburg: Ravensburger Verlag 2001. **11** Vgl. Artikel 12 der UNO-Konvention über die Rechte des Kindes vom 2. September 1990. **56** Paul Maar: Hier stimmt was nicht! In: LeseEcke 2. Berlin: Volk und Wissen Verlag GmbH & Co. 1998.

Bild- und Fotonachweis

5 imagine/Nguyen The Duc, Vietnam/GTZ; **8** privat; **11** Der Spiegel. Nr. 46/10. 11. 03 (Mitte), laif, Köln/Michael Hughes (o.)/Regine Bermes (u.); **15** Jan Schwärzel, Berlin; **16** Harald Lange NaturBild, Bad Lausick (u. r.), privat (u. l.); **17** Naturbildarchiv Erich Hoyer, Galenbek; **20** Rainer Fischer, Berlin (u.), Verlagsarchiv (o.); **22** Aus: Walch, Dieter/Neukamp, Ernst (Fotos): Wolken. Wetter. München: Gräfe und Unzer Verlag GmbH 1989. **23** Werner Fiedler (Mitte o.), Institut für wissenschaftliche Fotografie Manfred Karge, Lauterstein (r. u.), Rolf Leimbach, Stadtlengsfeld (Mitte u.), Verlagsarchiv (l. u.), zefa visual media hmbh/Rainman, Hamburg (o.); **25** Imk-Physik, Universität Karlsruhe (l.), meteosat (Mitte), Mit freundlicher Genehmigung des Wetterdienstes meteromedia Deutschland Gmbh/Guido Rottmann (r.); **26** Søren Müller, Berlin; **28** Verlagsarchiv; **29** laif, Köln/Bialobrzeski; **32** Deutscher Blinden- und Sehschwachenverband e.V., Berlin; **33** laif, Köln/Zinn; **36** Erdkunde-online (Mitte u.), International Medical Sorps, Los Angeles (u. l.), sunsite.tus.ac./Japan (o.), www.hotels-world. com (u. r.); **37** ullstein-bild, Berlin/BONESS IPON (u.), Spektrum der Wissenschaft. Dossier: Dritte Welt. Mike Goldwater/Matrix (o.); **39** picture-alliance/dpa (o. r., u.), picture alliance/KPA/Chris (o. l.); **40** Barbara Bütow, Berlin; **41** Andy Goldsworthy; **42** Gerhard Medoch, Berlin; **43** picture-alliance/OKAPIA/Danesse; **44** Harald Lange Naturbild, Bad Lausick (o. l.), picture-alliance/dpa (u. r.)/OKAPIA/M. Read (o. r.)/Reinhard (u. l.); **45** Superbild/Alaska Stock (o. l.)/Three (o. r.); **46** picture-alliance/OKAPIA; **47** akg-images, Berlin; **50** Helga Golz, Zühlsdorf; **51** Superbild; **53** laif, Köln (Zanettini); **56** picture-alliance/dpa/ZB; **58** Deutsche Gesellschaft für Ernährung, Bonn; **59** Rainer Fischer, Berlin; **62** Minkus-Meyer; **64** Rainer Fischer, Berlin; **65** Gerhard Medoch, Berlin; **68** ullstein-bild, Berlin (o., u.), Stadtmuseum Berlin/Kinder- und Jugendmuseum (Mitte); **69** ullstein-bild, Berlin (o. l.), picture alliance/ZB/Fotoreport/Lauder (o. r.), Verlagsarchiv (Mitte l.), Schneider GmbH, Wernigerode (Mitte r.), Wolfgang Lorenz, Berlin (u.); **72** Günther Schneider, Berlin; **73** ullstein-bild/webgate/P-F-H (l.)/Schlemer (Mitte), picture-alliance/dpa/Link (r.); **74** Verlagsarchiv (o.), akg-images, Berlin (u.); **75** akg-images, Berlin (u. Mitte), picture-alliance (o. r., u. r.), Hans-Joachim Stelter, Bad Düben (o. Mitte, u. l.), ullstein-bild (o. l.); **77** Rainer Fischer Berlin (l.), Frank Ihlow, Potsdam (Mitte), Harald Lange Naturbild, Bad Lausick (r.); **78** Bildarchiv Preußischer Kulturbesitz, Berlin/Vorderasiatisches Museum (o.), Stadtmuseum Berlin/Kinder- und Jugendmuseum (u.); **79** ullstein-bild/ZB (o.), Deutsches Technikmuseum Berlin (u.); **80** akg-images; **82** Baumgart (Mitte), Rainer Fischer, Berlin (u.), Gerhard Hoffmann, Berlin (o.); **84** Bundesarchiv Koblenz/Seidel (o.), Haus der Geschichte der Bundesrepublik Deutschland (Mitte o.), ullstein-bild, Berlin (Mitte u.), Verlagsarchiv (u. l., u. r); **85** ullstein-bild/Oed; **86** Aus: Franz Geiser/Albert Krebs (Fotos): Die Wiese lebt. Zürich: Copyright © by Silva-Verlag 1992 (o.), Aus: Pflanzen der Wiese. München: Copyright © 1984 BLV Verlagsgesellschaft mbH./Reinhard (u.); **90** Harald Lange, NaturBild, Bad Lausick (u. r.); **91/92** Gerhard Medoch, Berlin; **93** Rainer Fischer, Berlin; **97** Gerhard Medoch, Berlin (u.), Aus: Insekten. München: Copyright © 1987 BLV Verlagsgesellschaft mbH./Danegger (o.); **99/101** VG Bild-Kunst Bonn, 2004/Galerie Bernd Klüser, München; **103** DTM Berlin; **104** akg-images, Berlin (o.), picture-alliance/dpa (u.); **105** Vereinigung Getreide-, Markt- und Ernährungsforschung e.V. (o. l.), Zentralverband des Deutschen Bäckerhandwerks e.V. (o. r., u.); **109** Gerhard Medoch, Berlin; **110** Hans Blümel, Mücka (o. l.), juniors bildarchiv, Ruhpolding (o. r.); **111** juniors bildarchiv, Ruhpolding; **115** laif, Köln; **117** Rainer Fischer, Berlin; **124** VILLIGER DIAMANT BIKE GmbH; **122–125** Verlagsarchiv; **125** Deutsche Bahn AG/bahn-im-bild (r. 2. von o.);

Wir danken allen Rechteinhabern für die Druckerlaubnis. Da es uns leider nicht möglich war, alle Rechteinhaber zu ermitteln, bitten wir, sich gegebenenfalls an den Verlag zu wenden.

Lösung von Seite 122/123.
1 Kinder 2 Halt! Vorfahrt gewähren 3 Vorfahrt gewähren 4 Fußgängerüberweg 5 Fahrradstraße 6 Verkehrsberuhigter Bereich.